U0057912

情緒管理

林仁和、黃永明　著

作者簡介

林仁和

學歷

- 瑞士日內瓦大學 BEI 學院畢業（1976）
- 美國甘乃迪大學（JFKU）心理學研究所畢業（1982）
- 美國加州 CIIS 科技整合研究所博士（1985）

經歷

- 美國聯邦舊金山難民服務中心社工員（1978～1982）
- 美國甘乃迪大學亞太學院助理研究員（1982～1985）
- 聯合國開發計畫署（UNDP）教育訓練講座（1985～1987 專任，1987～2005 兼任）
- 美國聯邦成人復健方案（ARC）東區總部諮商執行長（1987～1990）
- 東海大學社會工作學系專任副教授兼國際貿易學系及幸福家庭推廣中心主任（1990～2006）
- 瑞士日內瓦大學 BEI 學院客座教授（2006～2007）

著作

- 《與情緒共舞》，2000，洪葉出版社
- 《人際溝通》，2002，洪葉出版社
- 《愛情的危機處理》，1998，聯經出版社
- 《生存手冊》，2001，晨星出版社
- 《成為生活的贏家》，2001，晨星出版社
- 《大膽作夢又何妨》，2001，晨星出版社
- 《社會心理學》，2002，揚智出版社
- 《商業心理學》（第二版），2010，揚智出版社

黃永明

學歷

- 國立暨南國際大學社會工作碩士
- 普通行政特考及格

經歷

- 高中、大學教官
- 東海大學男生指導室主任
- 東海大學社會工作學系助教
- 東海大學通識教育中心講師
- 台中縣山線社區大學講師

目次

第二部分　情緒的管理

第三部分　在情緒中生活

　　21 世紀人們追求的生活目標，從富裕與穩定生活轉向健康與快樂生活，這種轉變帶來了觀念和實踐上的新挑戰與課題，有待大家學習和持續的努力。經驗告訴我們，當人類在努力追求富裕和穩定生活的過程中，同時也付出了相當的代價，也就是疏忽了生活品質與生活環境的維護，包括：對人性的尊重與兩性的平等；對公共社區與土地的熱愛；對人際關係與家庭親情的重視等，因此造成了邁向健康與快樂生活的障礙。

　　健康與快樂生活牽涉到兩個層次：物質生活與精神生活。根據心理學家馬斯洛（A. H. Maslow）的需求階梯理論，當人們在滿足包括食、衣、住、行的基本物質生活之後，會追求穩定與安全的生活，這是屬於物質生活的範疇。隨後人們會繼續追求更高層次的精神生活，也就是有尊嚴與被尊重的生活。最後，有部分的人們會持續努力追求最高需求層次的自我實現生活。在這項漫長的滿足需求追逐過程中，特別是在後段精神層次裡，人們的情緒控制是否得當，則扮演了相當重要的角色。換句話說，情緒管理是健康與快樂生活的必要條件。

　　情緒管理這個重要概念，雖然早在 1980 年代已經傳入台灣，可惜當時被歸類於心理諮商與輔導的專業領域，而沒有被社會大眾所重視。直到 1990 年代，心理學家高爾曼（Daniel Goleman）的情緒商數（EQ）概念以及其代表著作《情緒智能》（*Emotional Intelligence*），被翻譯成中文而引進台灣的各個領域，特別是企業與人力資源管理，而備受重視。2000 年東海大學公共行政專班主任歐信宏教授，有鑑於情緒管理的重要性，要求筆者開闢「情緒管理」的課程。為了課程的需要，本人撰寫了《與情緒共舞》當教科書，同時也為大眾讀者提供一本相

關的參考書。自 2002 年起,同時在通識中心開設這門課程。

　　為了滿足情緒管理課程的授課需要,在 2007 年與另一位教授此課程的黃永明老師,共同策劃撰寫《情緒管理》專用教科書。同時也考慮到有興趣於此議題的社會大眾提供參考讀物,於是在本書的設計上理論與實務並重,在理論部分則盡量把專業術語與概念通俗化,讓讀者容易了解,於是在一般常用術語部分省略了原文備註。另外,也考慮到志於此議題的研究者需要,在此提供本書理論部分的兩本主要參考書籍,做為進一步研究的參考:

　　1. *Encyclopedia of Psychology* by Alan E. Kazdin(Editor)。內容包括第一冊(Aborti-Bystan);第二冊(Calkin-Determ);第三冊(Develo-Gooden);第四冊(Govern-Learne);第五冊(Learni-Opposi);第六冊(Optimi-Rapapo);第七冊(Rape-System);第八冊(Table-Zubi),以及索引(Index)。

　　2.《心理學大辭典》(*The Comprehensive Dictionary of Psychology*),由林崇德、楊治良、黃希庭主編,共上下兩冊。內容除了正文外,包括:詞目分類索引;詞目縮寫索引;詞目外文索引;外國人名譯名對照表,以及被 SCI 和 SSCI 收錄的心理學及鄰近學科期刊。

　　本書能夠完稿,首先要向張先生(Peter)致謝,由於他的熱心協助,因此得以完稿。此外,特別感謝心理出版社總編輯林敬堯先生的大力支持,讓本書如期出版。當然,更要感謝許多前人(無名氏)所餘留的智慧結晶,包括他們的觀念與理論被引進本書。在本書的實務部分,也引用了許多同學們在課堂上所提供的個案,在此也一併致謝。

林仁和

「你快樂嗎?」

「在生活中,你把最多的精力放在面對生活、問題上,還是永不止息的內心掙扎衝突中?」

這是幾年來在大學教授「情緒管理」課程,第一堂課起始,在面對陌生同學時,首先提出的問題,每每在討論的回饋中,總可強烈的感受許多同學願意嘗試改變自己、積極面對生活的熱切心理,而同學亦每每傳達出──「快告訴我怎麼做?」的渴望。

林仁和老師以2000年的專著《與情緒共舞》一書,回應了學子們鮮活可行的方案,更鍥而不捨,於2009年以《情緒管理》新作,結合理論、實務與運用,仍本著褪脫學術、艱澀的易懂筆調,為同學及一般社會大眾提出掌握情緒、追求均衡人際與生活的方法。

在現實生活中,困境未必可擊倒人,但情緒的處理不當,卻常使人陷入絕境。近年來,聳動的社會重大新聞,如:夫妻爭吵,丈夫憤而將稚齡孩童擲入滾燙熱鍋;年輕優秀的醫學院學生,禁不住課業壓力,率爾輕生;一群青少年只因兩眼對看,懷疑對方瞧不起自己,竟群毆科學園區工程師致死;失業父親承受不了經濟壓力,將孩子餵食安眠藥,而後舉家燒炭自殺⋯⋯等等,我們駭於不幸事件常可避免,卻惋惜於當事人在當下未察覺本身情緒的危機,而錯失了調整情緒的機會,而致事件不可收拾,嚴重傷害個人、親人及社會民眾。

在高中及大學服務二十餘年,常面對許多師長們眼中偏差行為的青少年,有時常心疼他們不是不懂事,也不是不了解一般社會常態的價值標準;不是不知道父母親賺錢養家的辛苦,

更不是不知道自己要用功讀書，習得一技之長，為未來著想；但就是掌控不了自己，無法處理自己的情緒問題，困在做錯事，飽受良知責難，一再重複於追悔、犯錯的輪迴中。學校教育常著重知識、專業技術的傳授，卻疏於生活情意的培養，不是只有學校偏差行為的青少年有生活情緒的難題，諸多暗藏於成績優異及其他兒童與青少年的困擾，真的就會比較少嗎？依據行政院衛生署統計，2008 年 15 至 24 歲者死亡原因，自殺死亡排名第三，每 10 萬人即有 6.1 位青少年自殺。另外，董氏基金會連續 3 年以大學生為對象，進行大規模的調查。根據 2007 年的調查結果，憂鬱情緒嚴重、需專業協助的大學生比例達 25.7%，與過去兩年（2005、2006 年）調查結果發表的數字 24.1 %、24.3 % 相比，大學生的憂鬱程度有逐年升高的趨勢。在這份調查中，顯示大學生覺得心情不好、壓力很大、很悶時，經常或總是尋求的求助方式前三名依序為：「自己紓解或處理」、「找同學朋友」、「找男女朋友」。在每 4 位大學生就有 1 位需要專業協助，而需要協助的大學生卻多數選擇「自行處理」；檢視小學至大學教育中，有多少課程可讓孩子了解「自己紓解或處理」的正確認知和技巧？

　　針對上述這些問題，林仁和老師在 2000 年即為培訓政府中高級公務人員的東海大學公共行政研究專班，開授「情緒管理」課程，並繼而在東海大學通識中心為大學部同學開課，多年來均受到同學的熱烈迴響，至少在社工系、諮商與輔導系、心理系專業課程外，為一般同學提供了難能可貴的學習機會，此亦是許多同學修畢此課程時，均回饋聲稱自己很幸運，且認為林老師的課程將深遠影響其未來。

　　在東海大學社工系擔任教官多年，退休後留系擔任助教，

就近受教於林老師，他就像長青樹，時時充滿活力，幾乎不停歇的在教學、研究和著作上。2006年，他屆齡退休前的某天，突然將筆者找進研究室，直接就問：「你是不是在社區大學和其他大學兼課？」「你是不是曾在生命線、幸福家庭中心服務？」（實際上僅擔任志工）「家扶中心、醫院安寧病房也有？對不對？」一連串的問題，來不及回答，他已做了結論：「通識中心有門『情緒管理』的課程，你必須要去上。」和林老師相處久了，早已習慣他的直接、不拐彎，但自己初露為難神情，他卻出現少有的「專斷」，在近1小時的說明中，反覆強調「情緒管理」課程對同學生命的意義，他期待這不僅是學術的專業課程，而是讓同學可尋得自發力量、可與人同行的生活課程，期待這課程不會因他退休而停開，他熱切的神情，直至今天，依然鮮明深植在筆者心中，亦是筆者在課堂中，和同學討論「情緒管理」相關概念和技巧時，不敢懈怠和放棄成長的最主要動力。

　　「情緒管理」的重要及於社會所有人，林老師於2000年編著《與情緒共舞》一書時，就將許多學術專有名詞及概念，以通俗、易懂的方式呈現，使得該書不僅可做為課堂的教科書，亦可讓一般民眾輕鬆閱讀，於其中獲益。他在2006年退休前自許，將蒐集相關資料、整理研究，並另寫相關的著作，短短3年不到的時間，即呈現予讀者，且正式以「情緒管理」為名，顯示林老師對此課題的重視與期許。

黃永明

黃永明

「情緒」是人類與生俱來的「必然」與「必要」部分,在人類的成長過程中,扮演著相當重要的角色。但我們從小就被教育:「不要情緒化!」「不要哭!」「不要掉眼淚!」人們似乎不敢承認它,而處處予以管制與壓抑,這是很可惜的事情,我們期待以「朋友」的方式看待情緒,並接納它。

本書是基於肯定的態度,透過三大部分:「情緒的問題」、「情緒的管理」與「在情緒中生活」,十三個章節:「情緒是什麼」、「不同的情緒」、「情緒的現象」、「情緒的誘發」、「生理與情緒」、「情緒的功能」、「認知與情緒」、「文化與情緒」、「加強個人的情緒操練」、「改善情緒的溝通能力」、「善用情緒的傾聽技巧」、「發揮情緒的激勵作用」,以及「美好的人生」,通篇以典故、生活經驗故事串連,自然的引導讀者閱讀,從而提高自我情緒的察覺與自控,進而在學業、職涯、生活、人際關係互動中獲得更多的滿足。

第一部分「情緒的問題」

第一章「情緒是什麼」,主要在討論「情緒的定義」、「認識情緒智能」、「開發情緒的潛力」。第二章「不同的情緒」,內容包括「情緒的發生」、「情緒的分類」、「多種面向的情緒世界」。第三章「情緒的現象」,探討「易發生的負面情緒」、「可以改善情緒」、「正面情緒的養成」。

情緒是人生而俱之,接納情緒是個人自我接受與和他人相處必然的課題,篇中述及聖經中提到,要努力使自己「原諒我

的敵人」，我們會覺得很困擾，且大部分的人都辦不到，因為無法忘懷某人加諸於自己的不公平及惡意，光談愛心似乎無法解決問題。然而，其實可以試試看，如果對那個人稍盡心意，用自己的方式來幫助那個人時，恨意便會消彌於無形了。換句話說：「幫助那個對你最不好的人」或「愛你的敵人，那可以解除他們的武裝」，其效果絕對令你意想不到！舊的創傷能被治癒，潛伏的惡化因素可被排除。即使家庭中的紛爭，也會因為進行簡單的親和行動，而使寒冬變暖春。

我們不否認正、負向的情緒，我們只相信只要願意，就能調適它，甚至成為正面的力量。

第二部分「情緒的管理」

第四章「情緒的誘發」，主要在探討「情緒的整體框架」、「情緒與動機的關聯性」、「情緒喚起的一般條件」、「引發內在情感的刺激與條件」。第五章「生理與情緒」，內容包括「情緒與生理反應」、「情緒的測量」、「人的表情」。第六章「情緒的功能」，包括「了解自己與別人」、「改善人際關係」、「促進社會和諧」。第七章「認知與情緒」，討論「從了解自己調整情緒反應」、「改變注意力」、「改善情緒問題」。第八章「文化與情緒」，內容包含「情緒的社會化」、「現代媒體的影響」、「科技與情緒」。

情緒由內、外刺激而起，受著經驗、環境的影響，亦難脫人、我關係，有時於情緒危機中，卻苦於必須自己承受，書中深刻指出一經商者的自我對話；「我真希望為自己找一個知心朋友。我有不少生意場上的朋友，但沒有一個知己，我感到十

分孤獨。偶爾心血來潮，毫無緣由地打電話，結果也僅僅只是問個好，談天說地的情況從來沒有發生過——就是沒有這樣的一個對象。」

在互相建立聯繫的過程中，人們似乎自始至終都受著約束，不願意讓別人知道自己的弱點——挫折、焦灼、失望。怕被人視為懦弱，表現得像只會一味怨天尤人的失敗者，使他人對自己失去興趣和尊重。同時，也不願意與人分享自己勝利的歡樂，因為怕激起別人的競爭、嫉妒，或是怕表現出一種狂妄而被人指責。

我們如何能在各種誘發情緒的因素中，尋找平衡情緒的方法，亦如何改變認知，成功轉換情緒，或在人群中尋得知心良友，願意碰觸彼此心靈，書中此部分有完整說明。

第三部分「在情緒中生活」

第九章「加強個人的情緒操練」，內容說明「區別信任與相信」、「建立情感獲得信任」、「存入感情的款項」。第十章「改善情緒的溝通能力」，探討「情緒與溝通」、「溝通的激勵效用」、「溝通的原則與禁忌」、「如何做有效的溝通」。第十一章「善用情緒的傾聽技巧」，包含「溝通從傾聽開始」、「必要用心傾聽」、「情緒的緩和」、「加強傾聽的技巧」。第十二章「發揮情緒的激勵作用」，內容含括「激勵造就個人」、「激勵從關心別人做起」、「從激勵開發潛力」。

在人與人之間的關係上，沒有什麼比溝通更重要的了。在我們的一生中，每天要溝通各種不同的東西：思想、觀點、希望、感情、需要。把它做好，生活會更豐富、更有意義而不那

麼複雜；做得不好，日子就只有在別人誤解、灰心喪氣、虛度光陰、向人解釋和被人疏遠中度過。透過溝通技巧，我們的情緒可以適當表達，別人可以更了解自己，我們也可以更了解別人，情緒得到解放並且變得更真誠，人際關係更形親密。

人生似乎總有一些我們想要，卻不一定要得到，不想要，卻不一定不發生；聽起來，好像有點無奈，但這感覺起來有些痛苦的現實，卻使我們的人生有著不同的變化！「我們要在不斷變化的挫折逆境中，沉淪陷溺，埋於揮散不去的負面情緒？抑或激勵自己，脫困再生，創造新局？」這是內在面對困境，自我深層的內言，亦是「情緒管理」課程警醒的重要部分。

第十三章「美好的人生」是本書的結論，主要說明「情緒與日常生活」、「痛苦與快樂是可以選擇的」、「讓好的情緒陪伴一生」，同時也提供了三份實用的問卷，供讀者更清楚了解自己。

認清楚情緒對我們快樂、幸福生活的影響，深自相信情緒好壞可自我決定，讓自己從被情緒操弄的困境中覺醒，許多時候希望能不受情緒所支配；就像是節食對胖子身體有益，可是就是有很多人做不到，因為他們覺得那樣很痛苦。所以若是想解決一個問題，卻不能針對造成這個問題的原因來處理，就一定不會有效。什麼原因？那就是痛苦或快樂，我們若不能把痛苦套在舊的習慣上並把快樂套在新的行為上，那麼任何的改變就不能持久。

這本書包含了諸多快樂人生的期許，相信讀者定可從中獲益，謹深向林仁和老師致敬！

第一部分

情緒的問題

情緒管理

第一章

情緒是什麼

情緒的定義

心理學的情緒

　　傳統上，我們將心理學劃分為認知、意動與情緒三個主要的研究領域。通常人們認為情緒是行動產生的主要根源，但在很長一段時間裡，情緒並不是心理學所研究的主體；大約在1960年以後，情緒才重新成為心理學家們研究的重點。情緒長期受冷落的原因主要有兩個方面：一是行為主義者對主觀體驗的忽視；二是情緒本身缺乏一個被廣泛認可的定義。

　　情緒定義所包含的眾多不同現象，不僅涉及到人們的日常交往中之經驗，而且還與科學討論中的現象有關。這些現象包括：情感、對客體和事件的評價與認知，以及二者關係的建立或破壞、生理喚起、臉部表情，以及非理性的思維與行為控制的轉化等方面。因此，情緒是一種多層面的現象。情緒的每一

層面都可能成為對情緒進行定義的核心參照內容，然而人們對這種下定義的方式存在著很大的爭議，因為情緒的各個層面並不總是同時出現的；實際的情況是，情緒的各個不同層面間的關係複雜，遠非是一個和諧統一的整體（Lang, 1984）。

人們曾將情感作為核心內容來給情緒下定義（如 Wundt, 1902），而將其他層面看作是情感衍生物。在 20 世紀前葉，情緒經常被定義為不同方式的自主性生理反應（或對自主性生理反應所產生的感覺）。在 1960 年代，認知心理學占據了主導地位，情緒進而就被定義為是一種判斷，或是對所感知的自主性生理喚起的認知歸因（Schachter & Singer, 1962）。

情緒現象的多樣性，以及這些現象不總是同時出現的事實，逐漸改變了人們的研究角度，轉而從這些現象的產生過程或內部傾向進行定義。人們把情緒看作是隱藏在那些表面現象下的心理狀態，這種心理狀態有時會被看作是情感的同義語，有時被看作是一種內部的「無命題信號」（Oatley, 1992），有時還會被視為是一種被激發了的、用來應對某種突發事件的內部傾向（Ekman, 1982; Tomkins, 1962）。

人們開始用內部傾向對情緒進行定義，這一觀點的產生是情緒研究中的一個重要轉變，這一階段人們試圖通過對內部機制的探索來研究情緒，而不僅僅停留在現象的表面形式上。這一點尤為重要，因為不同情緒現象間的表面差異，未必與它們內在產生過程中的差異相一致，正如被歸為同一類的事物未必源於相同的產生過程一樣，情緒也是這樣的（LeDoux, 1996）。更何況，情緒現象之間不能相互誘發，但是其內部過

程間卻可以做到這一點。對於這種過程，我們並不需要從神經學的角度去研究，而應從心理學和機能學的角度進行思考。也就是說，我們只需要明確了解這些產生了什麼結果，就可以了。

對上述定義的方法也存在著爭議，爭論的主要內容都涉及下面這個問題：「一個沒有意識，也不具有情感（feeling）的生物，會具有情緒（emotion）嗎？」如果以情感來定義情緒的話，答案當然是否定的；如果以內在過程來定義情緒的話，答案就是肯定的。成年人、嬰兒以及動物情緒的某些方面都可能存在差異，但從根本上來講是極為相似的。實際上，人類與動物在多種行為、生理反應、其誘發條件、相關的腦結構和腦化學機制方面，都是相當類似的（Panksepp, 1998）。基於上述觀點，可以假設動物和嬰兒都是具有情緒的，並且我們可以通過對二者情緒的研究來了解成年人的情緒，實驗證明此一想法是完全可行和有意義的，而這正是本文以及目前絕大多數理論家所持的觀點。我們不僅應從意識的角度去分析情緒，更應該認識到情緒是一種傾向性結構，進而從機能的角度加以定義。有意識性情感在情緒中所起的作用和功能，本身就是一個需要研究的重要問題。

導致人們對情緒定義有爭議的另一個原因是：一些情緒定義所涉及的內容很全面、廣泛，例如：包括愉快感或不愉快感，或對客觀事物的情感性評價等；而另一些定義則較為侷限。事實上，二者在限定情緒定義時的共同點是：情緒現象是由刺激或誘發事件所引起的，並且持續的時間較短。比較而

言，心境卻具有持續時間較長，且不針對某一個具體客體的特點，而人的情操（如「我恨那個人」）是一種傾向，情操這一術語在一定程度上，用於表示較為持久的情緒狀態，而情緒被看作是對一個誘發事件快速而劇烈的反應。其他的主要概念（如幸福感或快樂感）則可視為是對上述情緒的統合。

心理學家曾給情緒下過許多種定義。如美國心理學家阿諾德（M. B. Arnald）的定義為：情緒是對趨向知覺有益的，離開知覺為有害東西的一種體驗傾向，這種體驗傾向伴隨著一種相應的接近或退避的生理變化模式，這種模式在不同的情緒（狀態）中是不同的。另一位心理學家利柏（Liber）則把情緒定義為：情緒是一種具有動機和知覺的積極力量，它組織、維持和指導行為。尚有其他心理學家為情緒作出一個比較概括的定義：情緒是對事物的關係或主觀態度的體驗。

一般人認知的情緒

喜怒哀樂的情緒是我們最熟悉的字眼，通常我們並不覺得探討情緒有何重要，反正生氣、快樂、悲傷就是很自然發生，簡單講就是跟著自己的本性或性格走，我們看別人的情緒反應也有一定的記憶，看到脾氣暴躁的人發脾氣，我們會說他本來就是這樣，不發脾氣才怪；看到一個本來笑口常開的人垂頭喪氣，就知道他一定遇到不如意的事。

如果好的情緒可以讓我們的生活多采多姿，那麼壞的情緒就會讓我們的生活很糟糕。相信每個人都希望擁有好的情緒，在生活的各層面會感到沒有任何阻礙，因為生活中的不如意，

透過好的情緒智能，所有的不如意都只會激起小小的漣漪，絕對不會陷入壞情緒的漩渦之中。

有時候，從壞情緒恢復過來的人，會覺得很無聊，為什麼每次都這樣？因為大部分的人會自然地表現出習慣的情緒反應，即使知道反應不是很好，他還是會做相同的反應。這也就是我們會經常去做一些事讓自己快樂的活動，因為我們知道這樣做可以帶來快樂；相同的道理，我們更應該嘗試去避免壞情緒的產生，而不是去習慣它。

情緒智能（EQ）

自從 19 世紀法國學者比奈（Alfred Binet）和學生發明了一套測試方法，來評量人類「智力」（即認知能力）的分數以來，所謂 IQ（Intelligence quotient）變成大家對一個人潛力高低評估的共識。IQ 高，大家就認為這個人高人一等，一定會有大成就；IQ 低，表示這個人駑鈍，不容易成功。

但是經過了將近一世紀，在 1983 年時，心理學家霍華·嘉納（H. Gardner）在《心理架構》（*Frames of Mind*）一書中，明白駁斥人生的成就，不單只是取決於IQ，而是多種智能的結晶。他將其歸類為七大項：語言、數學邏輯（此兩項即傳統所謂的IQ）、空間能力、體能、音樂才華、人際技巧與透視心靈能力（後兩項即為嘉納所謂的個人智能）。

到了 1991 年時，美國心理學家彼得·薩洛維（Peter Salovey）創立了 EQ（Emotional Quotient）一詞，也就是情緒商數（簡稱情商），「情商」代表「情緒智能」或「情緒智商」，

那是一種評量自我情緒控制能力的指數，後來這門學問被歸類為「發展心理學」的範疇。簡單來說，情商是一種控制和應用自己與他人相互關係的情感能力。EQ，是決定個人成功、快樂與否的關鍵。EQ 不但是可以學習的，更可以從小加以培養。

薩洛維為 EQ 下基本定義時，萃取嘉納的「個人智能」觀點，並將之擴充為五大類：

1. 認識自身情緒的能力：認識自身情緒是 EQ 的基礎，其對了解自己、掌握自己非常重要。

2. 妥善管理自己情緒的能力：包括如何自我安慰、擺脫焦慮或不安等。

3. 自我激勵能力：包括對目標的專注、自制力、克制衝動與延遲滿足、保持高度熱忱等。

4. 認知他人的情緒能力：欲認知他人的情緒，屬於讀心術的技術範疇，在此，同理心是最基本的技巧，它建立在自我認知的基礎上，且需將心比心。

5. 人際關係的管理能力：亦即管理他人情緒的藝術，在此蘊涵了傾聽、溝通、說服等技術。

彼得‧薩洛維、丹尼爾‧高爾曼（Daniel Goleman）和其他幾位學者，相繼提出情緒智能的概念，認為它和傳統的智商一樣重要，尤其是哈佛大學教授丹尼爾‧高爾曼在 1995 年出版一本巨著──《情緒智能》（*Emotional Intelligence*，簡稱 EQ），出版後即在美國及許多國家掀起一陣 EQ 旋風。這本書的最大特色，乃嘗試由大腦生理學角度出發，去探索人類情緒活動的源頭，並指出，由於在家庭及學校教育中，忽視情緒教

育，導致在社會壓力逐漸升高的環境下，青少年的犯罪、離婚問題等皆日趨嚴重，情緒失控甚至成為社會動亂的源頭。

以他的觀點，EQ 從廣義來看，意謂個人自我掌握以及人與人之間圓融互動的能力或人格特質，其涵蓋範圍，譬如如何激勵自己愈挫愈勇（自我驅策力）、如何克制衝動與遲延滿足（自制力）、如何調適情緒，避免因過度沮喪而影響工作能力（熱忱）、如何設身處地為人著想（同理心）等。因此他認為，對於情緒的掌握，不僅深深影響一個人的健康狀況、工作能力的提升與家庭的和諧，未來更會深深影響企業的生產力與競爭力。

第二節 認識情緒智能

認識你自己的情緒

了解自己的性格屬於哪一類型是很重要的，我們讀過很多書籍在討論血型或星座對人的影響，也有很多文章探討性格的差異，可以多參考類似的書籍，來了解自己的性格及行為傾向。

在何種狀況之下，你會覺得情緒上很害羞、恐懼、快樂或生氣？情緒是天生的，也可以是學習得來的，回想哪些情緒自己最在乎？不論是好情緒或壞情緒，好的情緒應該要繼續追求與保持，而壞的情緒就必須要尋求改善之道。

你自己最喜歡或最討厭的是什麼？最喜歡的情緒讓自己一

點負擔都沒有，欣然接受，怡然自得；最討厭的情緒，要避免發生或遇上，萬一發生了，也最不易處理。

接著來探討憤怒的情緒。假設你是貨車司機，早上開車離家，在你到達目的地前，可能會碰到各種情況，如被超車、被後面的車亂按喇叭、在內線車道上擋你的路，或者緊跟著你的車尾不顧安全距離，甚至還有一些太大、太吵、太舊的車子也在路上來來往往，干擾你開車。在一天當中，駕駛人可以說是最常遇到各種令人憤怒的情況的一種人了。

那要如何處理心中的忿恨以及挫折感呢？你可採取行動，如發怒。不要只是坐著生悶氣，要主動還擊、維護自己的權益，真正發洩出來。買一部舊的改裝卡車，裝上大的保險桿，再配上動力喇叭，然後在車子的前後都裝上可以閃亮、顯示車子行駛狀況的霓虹燈。

從此以後，你就可以在公路上趾高氣揚、如入無人之境，如有別的車子惹你時，你也可以用那動力喇叭好好地給他們一點下馬威。你也可以在那些緊跟著你的車尾的車子前，來個緊急剎車，讓他們狠狠地撞在你的車屁股上，而你卻毫髮未損。給他們一點小小的教訓，可不是嗎？

當然，你的保險年費會比較高些，但是你的煩躁會得到紓解。如果你的生活整天都是如此發洩憤怒情緒，不用多久，你一定會感覺生活一團亂，甚至會因此危害生命。

不要一開始就生氣，不要玩命似地跟人家比快。放鬆心情，早點出門，多花點時間沒關係，不要讓別人控制了你的情緒，沿著你自己的車道一路前進，聽一聽車上收音機的音樂，

並且對那些愁眉苦臉的人笑一笑。

在生活中，每當你發脾氣，或在憤怒的情緒下工作時，你應該分析所有使你憤怒的原因，然後避免使自己暴露於那些痛苦之下。憤怒的情緒是你自己所引發的，如果你放任自己於憤怒的情緒中，很可能會使對方相對地也採取憤怒、生氣的手段來對付你。

「你知道你為什麼要這樣？」一位太太說。

「你會發覺，彼此漸漸養成向對方發脾氣的習慣，你的婚姻生活就會變成充滿責怪與仇恨，彼此都不能盡釋前嫌。企圖逃避不但無法使憤怒的情緒減低，反而更刺激了這種暴戾的氣氛。所以你開始想辦法解決這個問題，而這也正是使事態好轉的一個轉折點。」

保持溫馴和順的態度不對嗎？雖然這並不十分值得鼓勵。但是，這總比暴跳如雷、亂發脾氣的態度要好得多。

並非環境本身使你生氣，而是你對環境所採取的一種憤怒的反應；並非別人激怒你，而是你對別人表現出生氣的反應。如果使你生氣的人權力比你大，你完全在他的掌握之下，你又覺得如何呢？

使你對人產生憤怒情緒的最大原因，便是你認識的那個人正在對你做出可怕的事情。他們正威脅著你，對你無禮，忽視你的存在，或者正傷害到你脆弱的自尊。也許那正是你生氣的原因，但那是一種保護性的情緒，在氣憤當中你會變得更強壯、更野蠻、更有破壞力。也許偶爾這可以使一個膽小鬼鼓起

勇氣與流氓搏鬥，但通常這種行為沒什麼用處。

你如何處理你的憤怒情緒呢？如果那是長年不斷，隨時會爆發的常態行為，那麼你應該要用理性的態度來面對它，讓它發洩出來，或與對方討論，找出原因，而不要用偏激的方法來處理它。

如果你的憤怒情緒是不知不覺中產生的，就如同大多數人的情況一樣，那麼你的處理態度就會不一樣了。你可以讓這些情緒堆積起來，然後一次讓它發洩掉，就像讓氣球漲滿後飛掉一樣。

情緒潛能專家鮑勃（Bob）曾經這樣試過一次。18歲的女兒告訴鮑勃：「爸爸，你從未發過脾氣。你一定有生氣的時侯，但是你沒有將它發洩出來，你把它藏在心裡，這樣對你是不好的。」

他當時想了一下，也許女兒是對的。後來有一次某件事情使他發怒的時侯，鮑勃試著大大地發了一頓脾氣，他讓每一個人都看到他——面孔扭曲、大肆咆哮的模樣。

這個方法對鮑勃不太合適，對他而言，這樣是不對的。他不喜歡自己是這樣子的，隨後他說：「我覺得自己有點愚蠢，因為我感覺自己好像失去控制。我覺得發怒並非不可原諒，問題是如何讓怒火冷卻，否則它們將繼續燃燒，而且愈燒愈旺。」

認識他人的情緒反應

怎樣才能讓你產生充沛的同情心與同理心？看到別人發脾

氣，如果我們想跟他溝通，一定要事先了解此人的情緒反應，再試著用同理心的方式，漸漸化解對方的怒氣。遇上受苦難折磨的人，如果只是講：「你的苦我知道」，這樣是無法撫平受傷害的心靈，應該以同情心為出發點，再用同理心去撫慰對方。

如何經常能夠讓你設身處地為別人著想？進而珍惜人與人之間的情誼？要先培養類似人飢己飢的精神，看見別人需要幫忙，要不吝於伸出友誼的手，而由於我們幫助別人，就會增進與別人之間的友誼。

協調別人的情緒適應

怎樣才能讓你營造與他人良好的人際關係？人是一個公司或團體的最大資產，而在這個群體活動中的每一個人，都需要有好的人際關係，了解別人，使自己與別人很容易配合，那這個群體的效率一定最好。

如何才能建立自己與他人的良好互動模式，以便提升團隊精神？進而使團體生活充滿和諧與生機？必須先想到希望別人怎樣對待自己，然後從本身做起，在心中不要替別人打分數，而是要時時檢討自己各方面的表現，警惕自己，務必要調整到最好，不要讓別人對自己有埋怨。

發揮自己的潛能

在選擇目標之後，如何能夠增強個人的動機與意願？並且能夠調整自己的情緒，以便產生更積極作用？一旦下定決心，

如何能夠堅持原則，屹立不搖？或遇到艱難問題時都不會灰心喪志？學習改善情緒就能發揮自己的潛能，除了了解自己的缺點加以改善，更要了解別人的情緒，巧妙的運用情緒的力量，讓自己的計畫達成目標。

第三節　開發情緒的潛力

認識個人的情緒

認識情緒的本質是 EQ 的基石，這種隨時隨地認知感覺的能力，對了解自己非常重要。不了解自身真實感受的人必然淪為感覺的奴隸；反之，掌握感覺才能成為支配生活的主宰，在面對求學、愛情、婚姻或工作等人生大事時，比較能有所抉擇。

我們時時刻刻都在做選擇：要吃何種早餐？要乘坐什麼交通工具？走什麼路徑？沒有人會想吃不喜歡的早餐或故意繞遠路去上班。同樣的，要認識自己的情緒反應，才能讓自己隨時都有好情緒；否則，別人給你什麼，你就吃什麼，這樣不就很沒有主見嗎？

掌握自我激勵

無論是要集中注意力、自我激勵或發揮創造力，將個人情緒專注於一項目標是絕對必要的。成就任何事情都要靠擁有情感的自制力——克制衝動與延遲滿足。保持高度熱忱是一切成就的

動力，能自我激勵的人，在做任何事情時，效率都會比較高。

　　自我激勵是把情緒掌握在自己手中的首要條件，不去掌握情緒就會讓情緒控制自己，因為自己看到好的情緒反應，讓自己受人歡迎，處理事情就會順利圓滿；而壞的情緒會讓自己被人討厭，處理事情到處碰壁，所以要把好的情緒反應保留，並將壞的情緒反應排除或調整。

　　聖經中所說的，要努力使自己「原諒我的敵人」，我們會覺得很困擾，大部分的人都辦不到，因為無法忘懷某人加諸於自己的不公平及惡意，光談愛心似乎無法解決問題。然而，其實可以試試看，如果對那個人稍盡心意，用自己的方式來幫助那個人時，恨意便會消彌於無形了。換句話說：「幫助那個對你最不好的人」或「愛你的敵人，那可以解除他們的武裝」。

　　其效果絕對是令你意想不到的！舊的創傷被治癒，潛伏的惡化因素被排除。即使是家庭中的紛爭，也會因為進行簡單的親和行動，而使寒冬變暖春。

　　的確是如此的，在他人意想不到時提供一臂之力，確能得到令你驚異的回饋。別人對於你這種禮遇，會因銘記內心而樂於表現出他們的好感。

　　試著使你避免捲入不和、紛爭，或者怨恨的漩渦中，將愛心看成「付出」而非「感覺」。看看付出愛心，是否能使你排除心中不快的感覺。

　　這是值得去努力的功課，正如在紐約地鐵車廂裡看到的一句警語：「醫生警告說：心中有恨的人會引起自身的潰瘍、心悸、頭痛、皮膚疹和氣喘，同時你所恨的人心中同時也會不好受。」

人際關係的處理

　　人際關係就是處理他人情緒的藝術。一個人的人緣、領導能力、人際和諧程度都與這項能力有關。所謂情緒藝術，是強調人與人之間的情緒性互動特質。通常一個能夠充分掌握這項能力的人，就會成為社會上的菁英與專業上的領導者。

　　我們都會找與自己合得來的朋友，又因為在一起的時間夠久，一定會培養某方面的默契，然後這些朋友又各自擁有自己的朋友，這就形成了一個人際網絡，在這樣的網絡之中，不是只有大家互通有無，更是每個人訓練成為人際關係的最好機會。當然，有很多人與朋友的交往，就僅僅是知道朋友是那一個人，至於這些朋友的嗜好、工作內容、個性等，卻都不清楚，結果只知道有事需要幫忙的時候，找人幫忙；其實，這樣實在不夠格當朋友。人際關係不是連絡簿的姓名與電話號碼或電子信箱而已，更要不定期做適當的接觸與往來。

　　你常常可以看到一些公司及協會，因為私人的利益及個人的意見不合而拆夥。如果公司中每一個成員都希望能獲得較多的利益，就必須藉助大家的共同奮鬥，公司的強大也是由於每一個人身上具有不同的優點，所累積的成果。

　　人與人之間的彼此需要，是由於他們之間的不同，並非由於他們之間的共同點。美國之所以能變成一個強大的國家，同樣是由於它能辦到歷史上其它文化所無法做到的事。各個不同種族、不同文化、不同信仰，以及不同民族的人，凝聚成一個國家。他們會碰到多種問題，他們的夢想也並未完全實現，但

是他們在不停的進步。

不同年齡、不同性別所導致的偏見，也是很可怕的。為什麼一般人要努力去造成很明顯對他們有害的鴻溝呢？年輕人需要老年人，而老年人也需要年輕人；男人需要女人的幫助，女人也需要男人的扶持。為什麼在這些人之間會有歧視及中傷呢？所謂的「物以類聚」，事實上可能是一種誤解。

斯丹利（Stanley）夫婦剛結婚時，他們之間的差異正像大象與螞蟻。斯丹利夫人來自大城市，斯丹利先生來自一個小鎮；斯丹利夫人是個夜貓子，斯丹利先生則是一個早睡早起的人；一個比較理性，另一個則是比較感性；一個性格外向，一個內向；斯丹利夫人喜歡喝啤酒，斯丹利先生寧可喝牛奶；他們在宗教信仰方面的差距，更是十萬八千里。

斯丹利先生喜歡打高爾夫球、跑步，以及生意方面的事物，斯丹利夫人比較偏好跳舞、打牌，以及養育小孩，那只是剛開始，還有許許多多不同的癖好，存在他們倆之間。

但是他們從來不曾想要改變對方，他們只是接受並了解對方與自己的差異。這些年來，因為他們所採取的方式，斯丹利先生更喜歡斯丹利夫人，而斯丹利夫人也更喜歡斯丹利先生。由於他們之間的差異，使得他們可以快樂地成長與改變。到後來他們仍有許多不同之處，那使得他們的共同生活像是探險一樣。

假如他們一開始的個性、志趣都一樣，或者他們彼此都對對方的性格因為不太熟悉而導致偏見，那麼他們今天會是什麼樣子？可能會分手，或者陷於一場不美滿的婚姻中。但是他們

沒有，這是由於他們努力去排除各種隱藏於偏見之後的仇恨，也就是說，他們懷著開放的心靈努力追尋生活中新奇的事物。

同樣對別人各種不同的態度及行為抱著好奇心，就能驅除心中的仇恨。相反地，一向頑固的心靈將會由於武斷的偏見，而將自己封鎖起來。當一個心靈放任心中的仇恨與冷漠自由滋長時，他就會開始停止追尋新的事物，同時也就不再成長了。

偏見造成的影響是如此之大，所以如果有些人只是由於不小心，而刺傷你的自尊時，你會發現，不管你多麼努力，都無法使自己對他產生好感，不是嗎？

第二章

不同的情緒

  情緒的發生

情緒是與生俱來的嗎？

對於這樣的說法，以精神分析學派鼻祖弗洛伊德（Sigmund Freud）與行為主義學派的創始人華生（John B. Watson）最具有代表性。弗洛伊德認為，人在出生時就具有深奧的和強烈的感情；華生則更具體地指出，新生兒有三種基本的情緒：喜愛、憤怒和害怕。華生還詳細地描述了這些情緒的表現：

1. 喜愛：嬰兒對柔和的輕拍或撫摸產生一種廣泛的鬆弛反應，像展開手指和腳趾做咕咕和咯咯聲那樣的一些反應。

2. 憤怒：如果限制嬰兒的運動，就會產生身體僵直的反應，或像手腳「亂砍似」的運動，還有屏息、尖叫之類的反應。

3. 害怕：如果聽到突然發出的聲音會產生吃驚反應，當突然失去身體支持時，就會發抖、嚎哭、屏息、啜泣等。

隨著1920、1930年代行為主義的興起，華生的關於新生兒有三大基本情緒的理論也跟著流行起來。然而，其後的一些研究卻大都未能證實華生對新生兒原始情緒所作劃分的有效性。

心理學家謝爾曼（Sherman）曾做過一個有趣的實驗，他用四種不同的方法：針刺、過時不餵、身體突然失去支持、束縛手和腳的運動等，用來引起新生兒的情緒反應，然後叫一些醫生和大學生進來觀察新生兒的情緒反應情況，並要他們指出嬰兒的哭有什麼不同，不同的哭是由什麼原因引起的。

結果，這些觀察者對嬰兒表現出來的情緒，以及造成這些反應的可能原因所做出的判斷與實際情況多不相符，彼此之間的差異也很大，無法取得一致的意見。因此，謝爾曼認為，人在初生時，情緒狀態是籠統的，遠不如行為主義者所設想的那樣具體。這一觀點立即在心理學界引起了更大的反應。

1936年，加拿大女心理學家布里奇斯（K. M. Bridges）進一步發展了謝爾曼的思想。她指出，新生兒的情緒只是一種擴散性的興奮或激動，是一種雜亂無章的未分化反應；它包括一些不協調的內臟與肌肉反應，為某些強烈的刺激所引起。通過成熟與學習，各種不同性質的情緒才能夠逐漸分化出來。

在 3 個月時，初生的原始激動分化出兩種矛盾的情緒狀態，即痛苦和快樂；到6個月時，痛苦又進一步分化為害怕、厭惡和憤怒；到12個月時，快樂又分化出高興與喜愛；再到1歲半時，又可看出喜愛成人與兒童的區別，與此同時，痛苦又

分化出嫉妒來。隨著兒童的年齡不斷增長，情緒逐漸不斷地分化，變得愈來愈複雜，愈多樣化。

雖然心理學家們對布里奇斯的有關新生兒只有「一般性激動」的說法，及其所描述的各種情緒分化的「時間表」，尚存在著許多不同的意見，但其認為情緒是隨年齡增長不斷分化的觀點，則已為絕大多數心理學家贊同與接受。

情緒的修飾

雖然人的表情具有較強的先天預成性，但隨著個人的人格發展，在社會文化的不斷作用下，為了適應社會環境、文化規範以及人際關係的需要，人們經常會對表情加以修飾，使表情受意識控制的程度得到不斷地加強。這是反應個人表現的修飾化基礎。

人的表情社會化及其受意識控制程度的增加，使人類表情有極大地複雜化，也給人們通過表情判斷個人的情緒增加了難度。例如：有時一個人雖然滿心憤怒，但臉上卻不露聲色，甚至還偽裝成笑容滿臉；有時一個人雖然表現垂頭喪氣，面有難色，看似失落之極，其實他內心之中卻可能是樂不可支。

事實上，一個人能夠在多大程度上控制住自己的表情，這正是情緒智能高低的重要表現。然而，低情緒智能者，一般總是比較難以控制自己的情緒。

所以我們說，人類情緒及其表現形式不僅受先天生理因素的作用和影響，而且也在很大的程度上為後天社會環境因素所改造和修飾。這樣在生理因素和社會環境因素的共同作用下，

人類的情緒才會呈現出如此千變萬化、多采多姿的豐富姿態。

　　情緒是人對客觀事物的態度體驗，也是一個人心理活動的核心。每個人在一生當中，可以說每年每月，甚至每天每時，都會有笑有哭、有喜有悲。比如說，由於成功和失敗、順心和不順心等等的不斷交替更換，也就必然地會產生愉快或不愉快的不同情緒反應。

　　當人們面對猶如「萬花筒」一般迷離紛紜、變化多端的大千世界時，應當盡力表現出良好的情緒狀態。因為不良的情緒是吞噬健康、阻礙成功的「殺手」。比如在恐懼時，可使意識變得狹窄，判斷力、理解力降低，甚至理智和自制力喪失，造成正常行為瓦解、人際關係失調、目標混亂、免疫力下降等現象。流行病學研究指出，緊張的生活事件，如戰爭、遷居到不同社會文化和地理環境中、生活方式和社會地位的改變等，會導致高血壓、胃潰瘍等疾病的發病率明顯增加。

　　有研究報告指出，喪偶 6 個月的婦女，其冠心病的發病率為正常婦女的 6 倍。相反的，積極情緒對人體的生命活動起極好的作用，它能為我們的神經系統填充新的力量，充分發揮有機體的潛力，提高腦力和體力勞動的效率和耐力。例如：在工作疲勞的時候，講幾句笑話、發出一陣笑聲，就會使精神振作起來，並減輕疲勞。

　　人總是有某些個性上的盲點是自己看不清楚的，因此應該經常自我反省，並從不同角度去了解自己。不了解自己的真實情況，必然淪為情感的奴隸。自我控制要以正確的自我認識為基礎，這是發展情緒智能的一個重要因素。只有學會給自己不

好的心境做出合理的解釋，保持頭腦冷靜，抑制過分激動，才能保持心情開朗。

失意會使人無精打采，而沉湎於舊日的失意，迷失在痛苦的記憶裡更是可悲的。一個人應該學會主動地遺忘那些生活中曾給自己造成的不幸和痛苦，清除心靈上的創傷，輕鬆地面對再次考驗，充分地享受生活所賦予的各種樂趣，讓整個人的心靈沉浸在悠閒無慮的寧靜裡。記得在俄國詩人普希金（АЛександр Сергеевич Пушкин）的「假如生活欺騙了你」（ЕсЛижизнъ тебя обманет）抒情詩的最後兩句：「一切都是暫時，一切都會消逝；讓失去的變為可愛！」

有時，「失去」不是憂傷，而是一種值得回憶的體驗；「失去」不一定是「損失」，也可能是一種對個人累積經驗的「奉獻」。只要我們有積極進取的心態，「失去」也會變為可愛。我們應該學會總結失敗、挫折的教訓和成功的經驗，以積極的態度對待生活，展望美好的未來。

基本情緒

公元前4世紀，柏拉圖（Plato）和亞里士多德（Aristotle）就已經研究過情緒。到了17世紀，著名學者笛卡爾（René Descartes）認為，情緒是控制人類行動的活力因素。他提出人的六種最基本情緒：羨慕、愛、恨、慾望、愉快、悲哀。

有的心理學家把快樂、憤怒、悲哀、恐懼列為情緒的四種基本形式，還有的則認為人類具有 8 種基本情緒，分別是：興趣、驚奇、痛苦、厭惡、愉快、憤怒、恐懼和悲傷。

複合情緒

複合情緒則是由這些基本情緒混合而成，如憤怒加厭惡就成為敵意，恐懼加內疚就成為焦慮。人類豐富多變的情緒，主要就是由基本情緒所組合而成的，一個人在某一時刻可能體會到其中的一種情緒，也可能同時產生多種情緒。

有一種複合情緒是又生氣又高興，例如：小孩違背父母的教誨，考上不是父母親希望的學校科系，雖然不是父母希望的理想科系，但是小孩靠著自己的努力，考上了自己喜歡的科系。又如，當人極度感動時，會流淚，不過，心情卻是高興。

第三節 多種面向的情緒世界

群眾與個人

除了個人豐富的情緒世界之外，經常在我們身邊的人也會讓我們的情緒受到感染，例如：某個同事在聊年輕的瘋狂往事，正當他講得口沫橫飛的時候，自己也會回憶起過去年輕歲月的點點滴滴。或是，我們去觀看球賽，坐在旁邊的陌生人，當他對球場中的賽況做出高興的喊叫，如果是自己喜歡的球隊，我們也會覺得很興奮。

每個人都需要扮演很多角色，例如：自己是父母親的小孩，是太太的丈夫，是小孩的父親，是公司同事的上司或屬下，是同學的同學；也各自加入某些團體，在團體中，有時我們是領導別人，有時是聽命於別人，不過絕大多數都是身兼兩者，例如：是父親也是小孩，是主管也是屬下。

相對與絕對

　　我們去看喜劇電影時，當笑料演出時，有的人會笑得很誇張，有的人就只是微笑，同樣都是笑的表現，相對上就有不同的程度；看悲劇電影，有的人是哭得淚流滿面，有的人就只是喉嚨緊緊的。不過，看悲劇絕對不會笑，看喜劇絕對不會哭。小孩子可以看同一部卡通影片，每看到同一個笑話時，小孩會跟著螢幕唸對白，然後笑到翻；成人如果看同一部電影時，大概看沒幾分鐘，就想換片或換頻道。

　　有的人超愛看恐怖片，有的人絕對不看恐怖片，因為恐怖片的情節會讓自己的情緒非常緊張與刺激，就因為如此，有的人絕對拒看。

情緒管理

第三章

情緒的現象

　　情緒的穩定性，通常被看作是一個人心理成熟的重要指標。所謂的情緒穩定，主要是指一個人能積極地調節與控制自己的情緒，在短時間內沒有大起大落的變化：不會時而心花怒放，轉瞬間又愁眉苦臉。

　　當然，一個人的情緒與他先天的神經類型有關係。根據希臘的古典「氣質」傳說，將人的性格分為多血質、神經質、黏液質、膽汁質等 4 大類。他認為人的性格依本身體質含量的多少而定，加上後天環境的影響，而成為人的各種性格基礎。但大多數人都以某一種類型為主又兼其他類型的混合型，而絕少僅具單一類型氣質的人。一般說來，粘液質的人情緒生來比較穩定；而膽汁質的人情緒生來不太穩定。因此，情緒穩定的人不一定心理成熟，但心理成熟的人情緒必然是穩定的。

　　人在情緒激動時，一方面往往認知範圍狹窄、判斷能力下降、思維僵化、動作笨拙，不利於工作、學習及解決問題；另一方面，激動的情緒還可導致身體各器官和生理上的一系列變化，如心跳加快、血壓上升、消化腺活動受阻等，對人的身心

健康造成嚴重的影響，甚至引起疾病。因此，我們必須學會控制自己的情緒，沉著地面對一切。而如何調整個人的情緒反應，就成為一個重要的學習課題！

情緒的承受壓力，對個人，特別是對處於人生發展重要階段的青少年而言，是一種很重要的課題。因為，一方面人不可能總是一切如意，免不了會遇到一些困難、麻煩、危險、挫折，甚至失敗；另一方面，則因為現代人生活在錯綜複雜、矛盾叢生的社會中，承受著由緊張的生活節奏、激烈的發展競爭、擁擠的居住環境，以及不良的生活方式等帶來的多種精神壓力。

此外，是因為青少年正經歷著因性成熟和自我意識形成引起的身心遽變，這種遽變對青少年的心理衝擊是相當大的。如果一個人的心理承受能力較差，遇到這些問題就會心緒不寧、思維混亂、內心痛苦，嚴重時會釀成心理危機，導致極端行為，如自殺、離家出走等。而當這種心理衝突持續下去時，還會引起個人人格和行為偏差，或者誘發心理疾病。

具有情緒壓力承受能力強的人，比較能夠輕鬆地應付自我身心的改變和外在環境的衝擊。當心理弱點暴露時，他們不會產生無力感，能堅定地設法加以克服。進入新環境時，他們能迅速適應；遇到新問題時，他們能從容應對。面對壓力，他們不輕易妥協，繼續勇往直前；面對危險，他們鎮定自若，甚至急中生智，超水準發揮。困難不能使他們喪失信心，挫折更加激勵他們自強不息。總之，他們能對各種改變和衝擊做出適度的反應，從而保持經常性的心理平衡，並為實現既定目標繼續

採取積極有效的行動。

一個人的情緒承受能力是強或是弱，通常會牽涉到多種因素，這些因素包括下列五方面：

第一、神經類型：強型、平衡型、靈活型的神經系統比較容易承受外界的各種刺激；弱型的神經系統常常同時具有不平衡和不靈活的特點，容易被較強或長時間持續的外界刺激所擊垮。

第二、身體狀況：強壯的身體對應付沉重的生活壓力是很重要的，有營養不良、心血管疾病、肝病、氣喘病、偏頭痛問題的人多不能忍受強刺激。

第三、智力水準：聰明人在遇到挫折時常能找到一條較佳的應對策略，使自己迅速從心理負荷下解脫出來。

第四、社會支持：溫暖的家庭給挫折者溫馨與友愛的支持，讓失敗者獲得鼓勵。個人如果有朋友或家人分擔心理壓力，就會感到輕鬆一些。而孤獨者只能獨自挑起生活的重擔，他的心理承受能力自然要差一些。

第五、人生觀：熱愛生命、熱愛生活、有理想、有追求的人，總有較高的挫折耐力。

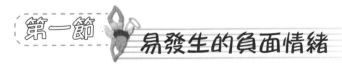

第一節 易發生的負面情緒

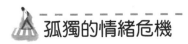

孤獨的情緒危機

孤獨的情緒，這不僅是一種現代人的危機，心理學家榮格

（Carl Gustav Jung）說：「現代人正在尋找靈魂！」因此，我們可以說，現代人正處於孤獨情緒的危機之中，尋找可以談心、貼心與交心的朋友與夥伴。

人間友情是一種相互關心、同甘共苦、彼此相愛的深厚情誼，建立在真摯的友情基礎上。當朋友苦悶失落時，為之分憂解愁；當朋友取得好成績時，與之同喜共樂；當自己有了煩惱時，能向朋友傾訴；當自己有了喜悅時，也能與朋友共同分享，這些都是保持情緒健康和良好心態的重要條件。

沒有友誼、沒有關心、沒有愛的人生是孤獨的人生，是不健全的人生。然而，在現代社會中，人與人之間的關係愈來愈建立在各自利益的基礎上；相互幫助、為朋友的成功和勝利而感到由衷的喜悅，這樣兄弟般的情誼已日漸少見，這使得現代人愈來愈包圍在一種強烈的消極情緒——孤獨之中。

小李回想起他的中學時代，那時同學間的真摯友誼給他留下了美好回憶，同學們都能真誠地從他人的勝利中感受到一種快樂。然而，到了大學後，那種微妙的、不斷吞噬真情友誼和愛心的競爭心理，幾乎使所有同學的心靈之間都築起了一道道的厚厚牆壁，導致每個人都對他人十分挑剔。

鄭老闆是一個已婚的中年人，他曾經有個知心朋友——一個中學時代的老同窗。不久前，他的朋友生意上一下子發達起來，把房子整修一新，庭院內建了一個小花園。很快的，鄭老闆就與這位朋友斷絕了十多年的友誼，他不無遺憾地說：「我不想讓他以為我是因為他發了財而去找他的。」

王先生是一家大商場的經理，今年50歲。他說自己沒有任

何親密的朋友,因為他所接觸的人大都忙於工作。他又不願意與自己的下屬有過多的交往,他認為那會產生壞的影響。他認為要把自己的事情完成得好,就得與其他人保持一種不帶任何感情色彩的關係。他也說,他的確喜歡許多與他一起工作的同事,但為了維護自己的權威,他不願和他們交往過密。

王先生說,在他的記憶中,只有一位成年好友,那人 3 年前已經去世了。況且,儘管他們交往密切,但也只是在妻子陪同下一起玩玩、聊聊天。每天給朋友打電話,時間超過 10 分鐘,妻子就會開始嘮叨,說他像個愛講閒話的「多嘴婆」,這使他非常尷尬。於是打電話閒聊的次數愈來愈少,最後索性完全斷絕了這個念頭。他發現交友絕非易事,雖然所接觸的人大多比他年輕,他仍懷著戒備的心與他們交往。他覺得對另一個人流露真情是不恰當的,但同時他為沒有一個可以對之談吐心事、可以完全信賴的真正朋友而感到遺憾。

上述例子顯示,在現實生活中,一個成年人沒有一個夥伴或知己是不足為奇的,許多人都承認他們沒有一個可以完全信賴和吐露心事的親密朋友。然而,他們之間的大多數人又似乎認為這種現象是正常的、可以接受的。

有一位女強人在談到友誼時說:「我真希望為自己找一個知心朋友。我有不少生意場上的朋友,但沒有一個知己,我感到十分孤獨。偶爾心血來潮,毫無緣由地打電話,結果也僅僅只是問個好,談天說地的情況從來沒有發生過──就是沒有這樣的一個對象。」

在互相建立聯繫的過程中,人們似乎自始至終都受著約

束，他們不願意讓別人知道自己的弱點——挫折、焦躁、失望。他們怕被人視為懦弱，表現得像只會一味怨天尤人的失敗者，使他人對自己失去興趣和尊重；同時，他們也不願意與人分享自己勝利的歡樂，因為他們怕激起別人的競爭、嫉妒，或是怕表現出一種狂妄而被人指責。

在成年人之中，已婚者的孤獨尤為深刻。雖然許多人否認他們感到孤獨，但是他們幾乎都相信只有自己的配偶才是唯一能夠真正信賴的人。大多數成年人都承認過分親近配偶之外的另一個人，常常會引起對方的警惕和懷疑。只要一個人向另一個人表露出熱情、親熱的感情，後者的回饋系統便會立即冒出一個可怕的念頭：「不知道這傢伙究竟想從我這兒得到什麼好處？」

所以，許多成年人都漸漸把尋求夥伴看作是思想不成熟的一個標誌，或乾脆看作是孩子氣。然而，偶爾碰到孩提時代的老夥伴時，他們潛在的尋伴渴望，便會在彼此熱烈的反應中暴露無遺。老友們的久別重逢，常常會使他們激動萬分。

在我們這個社會裡，人們只有在為共同的目標奮鬥時，他們之間的關係才能和諧、親密，這是一個可悲的諷刺。10 幾歲的孩子走在一起，就能結夥組織一個球隊，同心協力地去擊敗另一個球隊；而作為成年人，卻只有在戰爭年代裡，才會團結一致地面對共同的敵人。

在大多數情況下，人們彼此之間總是處於戒備狀態，他們的談話也很少真正涉及個人的隱私。有個人自以為非常了解他的朋友，不料朋友與妻子突然分道揚鑣，這使他非常驚訝。他

說：「我從來不知道他們之間還有什麼矛盾。」

內心世界的封閉使人們無法通過情感交流建立真正的友誼，友情的缺乏使現代人陷入一種強烈的孤獨感。正如有人對自己感受的描述那樣：「在這個世界裡，我感到孤獨、嫉妒、憤怒、緊張。」也正是這種孤獨感和對他人的排斥感加劇了人類的情緒危機。

要在這個人與人之間的情感日趨淡漠的世界裡，能夠保持良好的人際關係和健康的情緒狀態，無疑對人的情緒智能提出了更高的要求。事實上，也只有高情緒智能者才能更好地適應這個社會，並獲得和諧的人際關係和友誼，從而在現實生活中如魚得水。

壓抑的情緒危機

現代人正在尋找一種把巨大的壓力，能夠把它變成良性張力的良方。換言之，現代人正在處於一種壓抑的情緒危機，並在積極尋求解決之道。

方先生是一家外資企業的經理。當他來到心理諮商室時，只是一再地訴說自己每天都感到倦怠不堪，打不起精神，情緒十分低落，對工作和生活毫無興趣，似乎覺得情緒上的壓抑感已使自己窒息。因而，導致自己的個人、家庭與職業生活，乃至身體與精神都幾乎瀕臨崩潰。

然而，他卻講不出造成自己情緒壓抑的緣由，因為他有一份高薪的工作、寬敞的住家、漂亮又賢慧的妻子，還有一對可愛的子女。以旁人的眼光來看，他應該是屬於那種充滿幸福感

的成功男人。可是，他自己卻偏偏覺得日子過得十分壓抑，甚至認為生命對他來說已經失去了意義。

在專家的啟發引導下，他開始陳述了自己的一些情況：

高中時，由於長得高大健壯，他被選入籃球校隊。為此，他曾經很出風頭。他有一副好嗓子，深厚洪亮，大家都說他應當去做播音員，或者去從事藝術方面的職業。大學時期，他每年都在學校歌唱大賽中獲獎，學校裡幾乎所有的演出都少不了他。

大學高年級時，他獲得學校最漂亮的女孩子的芳心——儘管她身邊有成群的追求者。周圍的男孩子都嫉妒他，這更使他自視甚高。畢業一年後，他娶了那位「校花」，並找到外資企業的工作。之後，他按部就班地在公司工作，撫養一對兒女，並在那競爭激烈的職業中開拓自己的道路，成績卓著，並迅速升為經理。

但令他自己怎麼也弄不明白的是，為什麼伴隨著生活和事業上成功而來的，卻是日益沉重的壓抑感，以及對生活興趣的喪失。他為之困惑，為之迷惘。直到經過專家多次的反覆啟發，他才終於開始意識到：自己是怎樣掉入如此消極的情緒深淵之中。

長期以來，他一直希望別人把自己看做是一個「男子漢」，但是令他驚異的是，他的潛意識竟是如此憎恨身為籃球隊員而產生的心理壓力，那種一心要表現出色、要贏球的渴望扭曲了他的校園生活。另外，為了練就一副深厚洪亮的「標準

男中音」，他曾付出了無數汗水和辛苦！這種狂熱簡直與一些婦女拚命地追求外在美沒什麼兩樣。他顯然把登台演出引人注目看作是一作樂事，卻又承認自己內心深處是多麼不願意充當那娛人的角色──按他自己的說法：「那是在扮演一個殷勤奉承的小丑。」

每當想到自己的婚姻，他就感到有種莫名其妙的感覺。結婚一年後，他便從心裡對她感到厭倦了。但是他無法正視這個事實，因為他曾經以為自己娶了她是件十分值得自豪的事。他認為，假如當時自己不這麼做，她就會落到別的什麼人手裡，他無法忍受這樣的事情發生。

多種壓抑感逐漸形成情緒上的某種病態，開始時他並不知道，相反地還努力扮演著「男子漢」的角色，從而窒息了自己的真實情感，他幾乎成了空洞的軀殼，活像一具僵屍、一個白日夢遊者。更糟的是，他在別人眼裡是成功的，這更使他很難下定決心去改變現狀。從而不得不按照「標準男子漢」的模式來扮演著自己的角色，時時掩飾與壓抑自己正常的情緒需要，約束自己滿足身心需求的努力。

這種套著偽裝、自我壓抑的生活使他變得更內向了，再也不願正視自己的憤怒和焦慮，小心翼翼地迴避那些潛在怒火的發作，從而表現出情感上的超脫和對人際關係的淡漠。而這又趨使他的心境變得更壓抑，愈來愈覺得生命乏味又充滿窒息感。

所幸方先生及時來到了心理諮商室，否則他的這種情緒狀態持續下去的話，很可能會被他已無法自行掙脫的情緒壓抑所

擊潰。在試行了專家傳授給他的一些調節壓抑情緒、恢復情緒
健康的方法 1 個月以後，當他第四次來到諮商室時，他的情緒
狀態大有改觀，臉上掛著輕鬆的笑容，愉快地訴說他現在已擁
有勃勃的生機。

現代社會強調競爭，強調出人頭地，從而給人們帶來了很
大的心理壓力。而傳統社會文化又要求人們「喜怒不形於
色」，強調人對自己情緒的抑制，這也就不可避免地造成了許
多人的壓抑症狀，深化了情緒危機。然而，正如我們前面所
述，作為生活強者的高情緒智能者，並不是只知一味地控制和
壓抑自己的情緒，他們還要知道如何以合理的方式宣洩自己的
情緒，使自己的心境始終保持良性的狀態。只有如此，一個人
才能擁有健康的情緒，才能在競爭中立於不敗之地。

沮喪的自我危機

俗語說：「當一個人面臨澈底沮喪時，連羞辱也點不燃他
的無名烈火。」這句話道出了「沮喪」對個人自我危機的嚴重
程度。

著名的心理學家阿德勒（Alfred Adler）曾說：「所有的失
敗者——罪犯、酗酒者、自殺者、墮落者、娼妓等，他們之所
以失敗，都是因為他們缺乏從屬感和社會興趣，從而對生活產
生強烈的沮喪情緒。他們在處理職業、友誼和性等問題時，都
不相信這些問題可以用合作的方式加以解決，於是對現實充滿
失望感。」

章先生今年約40歲，生活便一蹶不振，慢慢地不再有喜悅和激動的情感，然而他並不了解為什麼會這樣。他逃避責任、向困難屈服，把所有的過失全歸咎於別人；他整日憂愁沮喪、灰心絕望，好像只是等死似的；他內心的沮喪主要是來自日常生活的混亂，他周圍的人和事無法使他感到滿足，他也無法適應周圍環境的要求；他可以裝得很體面，獲得人們的讚賞，但其內心卻無法適應這種角色。

　　於是章先生拒絕長大，繼續偽裝下去。當別人享受到成熟的樂趣時，他的信念也會動搖，但又無法走出自我封閉的天地，只是不斷地吸吮著精神上的拇指，自憐地說：「怎麼辦呢？我為什麼會這樣窩囊沒有出息呢？這個世界對我太不公平了！」

　　自憐並無助於恢復破碎的自我，一味地沮喪和自哀，往往會帶來更殘酷的現實。他本來可以顯得更年輕的，但如今卻看起來像個老頭；他本可以獲得很好的社會地位，但如今卻有無窮的經濟負擔，妻子對他的自卑態度十分不滿，小孩對家庭也沒有歸屬感，這也使他變得愈發的沮喪。

　　雖然沮喪是人類的正常現象，但如果長年逃避和否定自己，陷於持續的沮喪之中不能自拔，卻又習慣把責任一股腦全推給別人的話，那麼這樣的人，大都是缺乏勇敢或能力的人。

　　沮喪者雖然也大都在各自掙扎，並很想求助於別人，可是孤獨和害怕被拒絕的心理往往使他們不敢向他人求助。由於自卑態度，他們也無法正視自己的脆弱，只好以假裝快樂的方式來掩飾自己。因此，除了配偶和孩子等家中親人，周圍的人往

往都無法了解他們的內心世界，認識到其糟糕的情緒，因而也難以給他幫助。事實上，即使知道了他們情緒上的沮喪，旁人也常常會顯得無能為力。

像章先生的妻子，雖然明知道他有問題，卻也只能乾著急。他們之間很少把情緒上的問題提出來，並以理性的態度討論，相反地，他們只是各自壓抑，也因缺乏溝通造成不易分享與彼此的不信任，這也使他們得終日生活在情緒沮喪的陰影之中。

有些「功成名就」的成功者也會產生沮喪，例如：有的事業有成的男人，當他的妻子不安心操持家務，而決定要去讀書或要找份兼職工作時，如果他們自己不善於處理家務，面對亂七八糟的家，往往會出現強烈的沮喪感。因為他們覺得自己辛苦工作，賺那麼多錢，在社會上也有地位，家中該有的都有了，結果妻子還不安心，還要去尋找什麼自我，因此他會產生自己所追求的這些東西，究竟有什麼意義一類的疑問。

如果無法很好地解決這些心理上的困擾，他很可能就會逐漸變得灰心失望、情緒沮喪。沮喪的人灰心是很自然的。一個人辛辛苦苦地奮鬥，其理想不管是大是小，如果他不能獲得事業的成就感、家庭的幸福感，那麼他是不會感到快樂和欣慰的。他會不斷地自問：「我得到的是什麼？」

這時如果不能夠及時調節、克服沮喪感，就很容易產生情緒低落。

個人在其生命的幾個重要階段都很可能出現沮喪。童年時期，健全的感情發育和培養很重要，如果他生活的家庭不幸，

比如父母親離婚、喪失親人等，都容易導致其產生沮喪感；青年時期，健全的社會關係包括戀愛、婚姻、朋友等都十分重要，戀愛、婚姻挫折會使人沮喪，而沒有真正的朋友也會使人沮喪；老年時期，健全的人生旅程顯得十分重要，如果老年喪偶、喪子，就很容易使人陷於沮喪無助的情緒之中。

沮喪情緒常常會擴大生活的不幸，所以對被持續強烈的沮喪情緒困擾的人來說，很有必要接受一定的心理諮商和治療，但這些人又常常不願意承認自己有心理問題，對心理諮商和治療持拒絕排斥的態度，這就不可避免地會對他們的工作、生活、婚姻、家庭造成進一步的破壞。

有的人在沮喪中形成了對他人冷漠的態度，認為這樣可以報復別人，其實這樣不但無助於事情的解決，還會進一步傷害自己。因為這樣做，無論在肉體上、精神上都將進一步影響到自己的情緒，使自己無法堅強地面對現實。事實上，用冷漠的方法打擊自己倒是最有力的武器。

在生活中，每個人都會有沮喪的時候，但沮喪並不是不可克服的。要拿出勇氣改變自己的生活態度，找出引起沮喪的原因並努力設法改變現狀。如果是不幸婚姻引起的沮喪，就要改善自己的婚姻；如果是工作引起的沮喪，就要勇於改變自己的工作；如果是人際關係引起的沮喪，就要盡力調整周圍的人際關係。這樣的話，沮喪情緒就會在你的積極抗爭中逐步消除，乃至最終被愉快輕鬆的情緒取代。

所以說，應像對待所有其它的不幸後果一樣，對於不幸帶來的沮喪，我們也不應聽之任之，一味地自怨自艾、杞人憂

天，而要振作起來，採取勇敢、奮進的態度去直視面對它，以及現實中的一切挫折和困難。

高情緒智能者之所以更可能成功，就在於他們能夠以開放的心理接受各種情緒的影響，而具有較強的情緒承受能力，並能通過適當途徑克服消極情緒所帶來的困擾，始終保持樂觀向上的精神，對生活充滿著希望和信心，從而才有勇氣和耐心去征服生活中一個又一個艱難險阻。一味沉浸於沮喪之中不能自拔的低情緒智能者，最終只能使自己變得更加的一敗塗地。

敵意的人生危機

除了突顯出人類生活的孤獨情緒危機、壓抑情緒危機和沮喪自我危機之外，敵意的人生危機算是一種潛在的情緒危機。

假如說人類是一種最高級的動物，那麼在動物以及人類的發展過程中，敵意往往以保護自我的姿態出現。例如：當鳥類或囓齒類動物為爭奪地盤或爭奪食物而展開競鬥時，敵意的產生就無法避免了。不過動物的敵意大都是圍繞著自然生理原因而產生的，而人類的敵意，除了自然生理原因以外，還有許多是圍繞著社會需求而產生的。

當有人要奪走我們的食物或錢財時，我們會產生敵意；當有人要對我們進行貶低誹謗時，我們也會產生敵意。事實上，名譽、地位、高薪、華屋、嬌妻等等都是人類所追求的。我們總希望，自己能強於他人，而當我們不如別人時，我們常常會由嫉妒而生敵意。

當我們受人喜歡、欣賞，被看作是有價值的人時就高興；

而當我們覺得不被人所尊敬的時候，就會為之而氣急。既然人類的本性喜歡經常拿自己和周圍的人相比較，那就不可避免地會對周圍的人產生敵意。

或許應該說，敵意和發抖之類的生理反應一樣正常。我們在體溫降得相當低的時候會發抖，同樣的，任何一種使我們覺得於之不利或影響我們自尊的事情，都會使我們可能滋生敵意。這些敵意可能起於我們的思想，也可能起於別人的態度和感覺。因為於我們不利或影響我們自尊的事常有發生，所以誰也很難避免敵意的發生。

人們會自然而然地同情那些在生活中陷入困境的人，對那些平步青雲的人，卻往往會生出敵意。別人的個人特質和觀點受到譏諷時，我們如果發現自己也有相似的特質和觀點時，就會對譏諷的人心生嫌惡，很可能心中就會生出敵意。無論英雄還是歹徒，聖人還是罪犯，美人還是醜八怪，小人還是君子，智者還是愚人，所有人幾乎都曾有過敵意這種情緒。

敵意的產生大都與自卑感有關。你不妨留意一下，有了一番成功的建樹之後，你會變得多麼和藹、富有同情心和慷慨大方；而失敗之後，你又是多麼容易惱怒。一個人在工作中遇到麻煩時，在自尊心受挫之後，孩子打翻油瓶就足以使他大發雷霆；可是，同樣的事情若發生在自己得到上司嘉獎的那一天，他可能會表現出令人欽佩的好脾氣，柔聲地對孩子說：「不要緊，別怕！」

雖然敵意對人類來說是十分普遍而正常的現象，但它畢竟是一種消極情緒。過多的敵意很容易使一個人的心靈扭曲，習

慣帶著「有色眼鏡」看人，以致於經常牢騷滿腹、痛苦不堪。所以，要具有較強的洞察力和體諒他人的情緒、調節和控制自我情緒能力的高情緒智能，這樣才能盡可能地減少人與人之間的敵意，保持良好的社會環境和氣氛。

有個司機到加油站加油，加油員對他大叫：「車停得那麼遠，我怎麼也加不到！」

事實上，他並不是真的加不到，只不過是藉題發揮，想發洩一下心中的怨氣而已。看他那怒氣沖沖的樣子，肯定是有什麼不順心的事，或許是由於別人對他不尊重而產生的敵意反應，這位司機則是這種連鎖反應下的無辜受害者。

一般來說，服務人員和顧客之間產生敵意的可能性相對較多，服務人員必然面對一連串的顧客，所以從中得到的外界影響也大得多。由前一位顧客引起的敵意，可能會造成對下一位顧客的不友善，然後激怒了那位顧客，顧客或許也會做出同樣不友好的反應，這又會使服務人員更為惱怒，敵意又進一步增加了。

敵意是一種帶有憤怒的情緒，如果人們無法控制和消除自己的敵意，往往會在周圍形成一連串的連鎖反應。假如人們都能為他人想一想，認識到他們之所以表現出不友好的態度，往往是由於他們曾被另外的人責備、埋怨，同樣也受到了不公平的對待，所以心情不好，而並不是因為他們故意要找你的麻煩。

如果這樣一想的話，就不會與對方嘔氣，而產生不必要的敵意，心情也自然會平靜。比如說那位在加油站的司機是你的

話，你能平靜寬容地說：「好，我往前開一點。」一場爭吵就可避免，而加油員在你的大方表現之下，也往往會意識到自己過於衝動，而主動地對自己的情緒加以調節，對你的服務態度變好，甚至對後來的顧客態度也改好了。這樣的結果自然是令人人高興的。

林先生是一家公司的總經理，手底下有一位極有才幹的助手，二人之間近一年來一直有股潛在的敵意。助手最近提出一項絕佳的改組計畫，結果卻遭到他的反對。他之所以不接受這項計畫，不是計畫本身的缺點，而是他對助手的敵意。無論一個人的表現有多好，一旦他對你有敵意，對你的興趣就自然會減少。

所以，我們看到，生活工作中許多難題的產生大多是與敵意聯繫在一起。如果你能防止別人對你產生敵意以及你自己敵意的產生，或者在敵意產生後能夠迅速地把它清除掉，你就會減少許多的不幸和煩惱，生活在一個和諧的環境中。

敵意對人際聯繫起了極大的破壞作用，也給社會帶來了許多不安定、不協調的因素，擴大了人類的情緒危機。因此，要能夠自如地消除自己和他人敵意的高情緒智能，只有當世間愈來愈多的敵意變為友誼時，人類才可能緩解日益深化的情緒危機。

總之，擁有足夠的情緒壓力承受能力，包括孤獨、壓抑、沮喪與敵意等情緒，對保持心理平衡、維護身心健康、促進人格健康發展、完成所處人生階段擔負的學習、工作任務，以及享受生活的種種樂趣，創造人生價值是十分重要的。因此，要

設法提高自己的心理承受能力。心理承受力的提高，至少要從下列四方面著手：

第一，要正視社會現實：正確看待社會、看待人生、看待自己的處境，對應付挫折有心理準備。既不盲目樂觀，又不消極處世。

第二，要體現自己的價值：認識到人在社會中是相互依賴的，自己對家庭、團體和他人是有用的，是能夠為社會作出自己的一份貢獻的。

第三，要相信並運用自己的能力：相信自己可以控制生活、改變生活，並能夠掌握自己的命運；相信自己可以控制自我、改造自我，並能夠掌握自己的發展道路；相信自己能夠適應各種環境，自信地運用自己的聰明才智解決各種問題，度過各種難關。

第四，要掌握緩解心理壓力的各種方法：如改變情境法，主動脫離引起挫折的情境，透過郊遊、登山、跳舞等活動放鬆身心、擺脫挫折感；發洩法是透過傾訴、放聲哭泣等發洩情緒的方法，釋放內心的壓抑；昇華法則是把精力投入到更高層次的追求中，以轉移對挫折的注意。

我們生活在一個複雜而且不斷改變的時代環境之中，在我們的身邊，高樓大廈遍地聳立，商店貨品推陳出新，嶄新的汽車塞滿了馬路，求職人數急遽增加，社會競爭變得日益激烈。不論這些改變是否是我們所追尋的，現實的壓力迫使我們不停地向前運行。人類的慾望不斷地擴張，需求也跟著累進增加。

科學技術的高速發展及其日益精密化，使人的社會分工愈

來愈細，人們在各自的領域裡發展，相互理解和共同語言愈來愈少，情感上的障礙和困擾愈來愈多，社會中普遍充滿了焦慮、煩燥、憤怒、失落、緊張、恐懼等消極情緒。

我們在面臨各種各樣壓力的危機時，要把它看成是對自身的磨練。實際上，人的情緒承受能力正是在應付壓力的一次次磨練中發展起來的，一個具有足夠心理承受能力的人，常常是一個經歷過種種曲折的勇者。

第二節 可以改善情緒

一個人從青春期開始，常常會從不同的角度對自我進行觀察。不同的個人對這種自我觀察的結果持不同的態度；有的人承認那是自己的真實情況，並坦然地加以愉快的接受；另外的一些人，則拒絕承認那是自己的真實情況，並處處迴避自己的問題。

通常當一個人認為他所觀察到的自我，與自己心目中的理想自我差距不大，並且認為這種差距經過努力是可以縮小的時候，他就會接納自己；反之，他就會拒絕自我。拒絕自我的態度，一定會對個人的心理健康造成不良影響。

你所觀察到的自我，與自己心目中的理想自我差距有多大？你會認為這種差距可以經過努力來縮小嗎？

自我拒絕的個人通常與環境不能有很好的協調，對身邊的事情就有諸多抱怨，常與他人發生衝突，容易發火，事後卻又感到後悔；他的生活滿意度很差，經常覺得自己的存在對家庭

和社會沒有價值，對親人是一種拖累，討厭自己的一言一行，對前途感到失望，在某種情況下，這種厭世念頭甚至可能會演變成傷人或自我傷害，甚至自殺行為。

拒絕自己的人，既對自己在能力和知識上的欠缺，抱有自卑感，不願別人提及，連自己也不想承認，更不會付出實際的努力去加以改善。所以，對那些自我拒絕的個人來說，必須克服否定自我的傾向，愉快地接受一個雖然不完美，但充滿發展潛力的自我形象。

世界上沒有完美的人，我們每一個人身上都有著這樣或那樣的弱點，其中也有不少弱點是難以改變的，對這些不如他人的弱點，抱怨並不能使我們改變什麼，以平靜的心態實事求是地接受這些弱點，才是正確的態度。接受這些弱點，並不意味著一個人會因此而失去上進的信心。

但儘管你的身上有一些弱點，特別是在情緒方面的弱點，你依舊努力通過學習來創造和發展自我，你相信人類的智慧才是成為動物界主宰的關鍵因素。

對我們每個人來說，同樣不能因為身上存在著某種弱點，就失去健康成長的信心。我們特別要認識到，自己無法改變的不利條件，如外貌或身體缺陷，並非是發展中不可逾越的障礙。一個人只要不失去上進心，即使肢殘嚴重程度如海倫‧凱勒（Helen Adams Keller），但還是能夠快樂地在社會中生存，可以充分發展自己的學識和能力，依舊可以為社會作出應有的貢獻，也會有幸福快樂、有意義的個人生活。

人類的大多數缺點是可以克服的。青少年時期是人生一個

具有巨大可塑性的發展階段。我們現在所認識到的自我，只說明現在，不說明將來。也許我們現在學識淺陋、能力較差、感情脆弱、意志薄弱，但如果在清楚認識自己的弱點之後，能奮發努力，自我完全可以得到脫胎換骨般的發展。實際上，隨著大量知識的吸收、抽象邏輯思維能力的發展、情感的成熟、意志的堅定，都可以逐漸改善情緒上的缺點。

我們擁有不少的情緒，可是真正體驗的卻不多，對於能使你人生消極的負面情緒，你應該去了解；而對那些產生積極效果的情緒，你也應該去體驗一下才對。

自己想改善

任何人都可以選擇擁有何種態度來面對各種情境。有的人遇到挫折，可能會找朋友訴說自己心裡的感受來調解自己的鬱悶，並且在與朋友的言談之中，把挫折的前因後果，理出一個頭緒，漸漸地挫折感就消失了；也有人藉酒澆愁，結果只顧著喝酒，沒有辦法舒緩自己的挫折感就醉倒，等到醒了之後，原來的不如意也只是暫時忘記，等下一次再碰上類似的事，只好又拿出酒瓶，倒滿酒杯，一杯接著一杯，直到又醉倒為止。

透過反省，每次回想挫折感帶來的痛苦，想辦法把關鍵點加以分析，尋找突破的方法，所以重點在於自己想要改善。最簡單的例子，如果東西掉了要怎麼辦？彎腰撿起來，就解決了，假設連彎腰的動作都不願意做，那麼東西就真的掉了。自己想改善，是改變情緒的第一步，如果是別人要求你做改變，那樣絕對是事倍功半，相反的，如果是自己想改善，那就已經

成功一半了。

　　負面的憤怒情緒，最需要被改善。根據一般人的說法，憤怒是一種必須讓它自然宣洩的情緒。然而，發洩憤怒本身並不合乎自然的法則，因為憤怒並不能使人過得更好；暴怒、發脾氣與罵人，對任何人的生活都沒有正面的意義。

　　人並非天生就會憤怒，而是經由學習而得。因為你曾經偶爾生氣，結果讓你獲得你想要的東西或結果。兒童時期你會哭，如果沒有引起注意，你的哭聲就會更大。如果這樣仍然沒有效果，你就會勃然大怒，進而踢東西、大哭大鬧，甚至用頭去撞東西。這一招通常都很有效，別人會來替你完成你所要求的。你發脾氣以求達到目的，而你也的確能引起別人的注意。別人滿足了你的要求，而你也獲得了愉快的感受。

　　現在你長大了，你是否仍然用憤怒來驅使別人滿足你的要求，使自己心情愉快些？你的父母親、老師或老闆沒有滿足你的要求，你就鬱鬱寡歡，心裡老是嘀咕：「你是不是該為我的零用錢、成績或職位做一些調整？」

　　你的心裡老是為這類問題在打轉，所以你開始自我煎熬、焦慮，使自己的情緒陷於沮喪的谷底，不停地向全世界提出問題：「你要為我做些什麼？」並一再為這個問題找尋答案。

　　事實上，這個世界能為你做的事情幾乎沒有，生命本是一個必須自我完成的計畫，這看起來似乎不太公平也太殘酷了，但這是事實。你可以讓自己的內心飽受煎熬，不停地燃燒，但那是於事無補的。

　　成功學家拿破崙‧希爾（Napoleon Hill）就有一次親身經

歷：

　　我第一次掌管的營業小組當中有一個推銷員麥克，他總是用激烈的言詞來對抗不遂他心意的人或事。因此，每個人都抱著「不做不錯」的心理，以免觸犯了麥克，其中也包括我。後來我才了解，他正是用憤怒來使我產生畏懼感。因此我就找他來談，我告訴他，以後他在憤怒的語氣下所要求的任何事情，我都不同意。從那次以後，我們處得更好，他也不再用怒氣衝衝的語詞，要求我做任何事了。

　　這段經歷挺有價值的。從那時起，希爾就發覺團體中的某些人，也常會犯這個毛病。他們發怒、咆哮，而那些本性溫馴的人便向他們屈服。事實上，在某些爭議的場合中，那些叫得最大聲的人，常被認為是最有道理的。為了獲得結論，其爭論的過程是相當瘋狂的，但有時大聲爭辯也會奏效。因為當形勢對他們不利時，他們就會開始口沫橫飛，企圖以聲勢來壓迫對方。

改變習慣

　　要擁有好的情緒需要學習，要避免壞的情緒更要學習。有沒有過這種經驗？你會告訴自己某些事已經發生了，等一會兒遇見當事人，不可以對他責備或發脾氣；結果，剛開始還忍下來，隨後談到關鍵之處就忍不住，事先的準備都白做了。要時時給自己提示或警語，以免前功盡棄。

　　常聽抽菸的人說，等這包菸抽完了就戒菸，這句話一聽就

知道是藉口。習慣是不容易養成，但若是有障礙，其實是自己沒有意願或意志薄弱造成的。

凡事往好處想是一個好習慣，讓我們用較樂觀的去看意外的結果或情況。舉個例子：不小心掉了 100 元紙幣，還好不是 1000 元；隨堂考試考不好，還好不是期末考；下雨了沒帶傘，還好今天是搭公共汽車。凡事往好處想的正面思考，可以讓我們不怨天尤人，讓我們有重新站起來的勇氣，使我們樂觀。

罪惡感、憤怒和仇恨，是橫跨在友誼路途上的三種令人厭惡的情緒。你還有其他不良的情緒，但是只要你學會如何掌握這三種，其他的就不足為慮了。

你心靈上的一堆堆垃圾，在你人生旅途中會一一遇上，在你與他人接觸時也會經歷到。如果你以為周圍的人和自己一樣，那麼你所觀察到的並不是真實的世界，而是「你自己的世界」；如果你認為你的人際關係，只需憑你自己的想像便可以達到完美，這就不可思議了。你不重視的，別人也不會重視。這會使你更注意別人的缺點，而忽視別人的優點，這就是所謂「酸葡萄心理」。

批評朋友的缺點時，你會發現別人也正對你做同樣的事。當自己內心不誠實時，你也會懷疑他人；當你信任自己時，你也會信任他人；當你不珍惜自己時，你會發現別人也不會重視你；你所關心的事，往往就是別人所關心的事。因此，如果你希望與他人相處得很好，你必須要先懂得如何自處開始。

在現實生活中，你經常可以看到，面對同樣的環境和遭遇，每個人的情緒反應有很大的差異。正確的人生態度，能幫

助我們端正看問題的角度，幫助我們想通許多問題，緩解不良情緒，培養積極、健康的情緒。度量寬宏、心胸豁達是保持積極、樂觀情緒的基本條件。那些在情緒上容易大起大落，經常陷入不良情緒狀態的人，幾乎都是心地不寬、心胸狹隘的人。

據報載，某工廠一位工人看到同事們在一起聊天，也想加入他們，沒想到同事卻都不再說話，他先是很不高興，繼而產生懷疑，認為同事們都在說他的壞話，很是生氣。當天晚上就跑到同事的家「算帳」，還將同事的朋友和親屬打傷。這樣的事，基本上是過於神經質所引起的。如果能擴大自己的生活面和知識面，在精神上充實自己，為豐富多采的生活所吸引，不計較眼前得失，心胸就會自然豁達起來，情緒也不會如此波動了。

此外，對工作缺乏興趣的人，或是人際關係不良的人，精神上沒有寄託、思想不安定，情緒就不穩定，容易產生神經質。反之，在一個比較和諧、融洽的氣氛下，這種氣氛反過來會從客觀上促進了自己，使自己心情舒暢、身心健康。因此，你需要學會一些調節自我情緒的方法，這個方法包括下列五個項目：

第一，正確地認識危機：人生中諸如疾病、死亡、破產等很難意料的事件，常影響人的心理。雖然人們完全有能力處理這類事情，但這需要時間，過分地焦急不僅於事無補，還會把事情搞壞。

第二，掌握你的預感：當預先感到緊張會出現時，你可以在頭腦中設想一下如何處理它，回想過去是怎樣對付的，回想

一下你所尊敬的人是如何處理的，就可以減少焦慮，避免碰釘子。

第三，經常保持你的體力：平時多注意休息，可以減少你的緊張感與神經質。獲得足夠的休息對身體極為有益，能使你振作精神，恢復精力。

第四，坦然面對你的難題：當你試圖掩蓋某一事件時，常常帶來緊張情緒。但當你抱著不迴避的心態，坦然面對時，壓力無形之中就會減輕，緊張感就會減少。

第五，超越你所面臨的難題：當你發現自己的情緒無法控制時，不妨用下列方法盡快從這種情境中擺脫出來：脫身離開那裡，想一想別人在這種情境中會扮演怎樣的角色，設想你已解決了一個難題而處在喜悅中，向有同情心的人傾訴自己的想法。

第三節　正面情緒的養成

愛與溫情

任何負面的情緒在與愛接觸後，就如冰雪遇上了陽光，很容易就消融了。如果現在有個人跟你發脾氣，你只要始終對他施以愛心及溫情，最後他們便會改變先前的情緒。

福克斯（Fox）說的好：「只要你有足夠的愛心，就可以成為全世界最有影響力的人。」

事實證明，不論在歷史上、當代或未來的成功政治家、企

業家、教育家，他們之所以能夠發揮巨大的影響力，愛與溫情絕對是必要的條件。

 感恩

在一切情緒之中，最具威力的便是愛心，但它以不同的面貌呈現出來，感恩的回饋便是一種愛的表現。世界上最偉大愛的表現，是「施」與「受」之間的相互回饋。

基於愛心，然後通過思想或行動，主動表達出自己的感恩之情，同時也好好珍惜上天賜給我們的、人們給予的、人生經歷的。

如果你常心存感恩，人生就會過得再快樂不過了，因此請好好經營你那值得耕耘的人生，讓它因為愛與感恩而充滿了芬芳。

 好奇

如果你真心希望你的人生能不斷地成長，那麼就得有像孩童般的好奇心。孩童是最會欣賞「神奇」事物了，就是因為那些神奇，才能占據孩童的心靈，讓孩童不斷地成長。很可惜的是，當有一天孩童逐漸成長而減少好奇心之時，他的心靈就會發展停滯。

因此，你如果不希望人生過得那麼乏味，那就在生活情趣上多帶些好奇心；如果你有好奇心，那麼便會發現生活中處處都有奧妙之處，你就能更好地發揮情緒潛能。

這是個環環相扣的道理，你有必要好好去研究，因此好好

發揮你的好奇心，那麼人生便是永無止境的學習，其中會發現擁有「神奇」的喜悅。

熱情

你如果做任何事情都帶著振奮的熱情，它就會變得多姿多采，因為這樣就能把困難化為機會。俗語說：「危機就是轉機」，那麼，讓危機轉換為機會的，就是靠你擁有一份「赤子之心」的振奮與熱情。

熱情具有偉大的力量，鼓動你以更快的節奏邁向人生的目標。19 世紀英國著名首相狄斯雷利（Benjamin Disraeli）曾說過這樣的話：「一個人要想成為偉人，唯一的途徑便是做任何事都得抱著熱情。」

你要如何才會有熱情呢？就要配合如何才會有愛、有溫情、有感恩和有好奇心的行動，只要你決定想熱情，你可以運用表情：講話要有力、看事情要遠、以無比的決心去追求期望的目標。可千萬別想糊裡糊塗過日子，那不僅生活過得會很乏味，人生的內容也會非常貧瘠。

毅力

上面所說的都很有價值，然而你若是想在這個世界上，留下值得讓人懷念的事跡，那就非得要有毅力不可。毅力能夠決定你在面對困難、失敗、誘惑時的態度，看看你是會倒下去還是屹立不搖。

你如果想要減輕體重、如果想要重振事業、如果想要把任

何事做到底，單單靠著「一時的熱忱」是不成的，你一定得具備毅力方能成事，因為那是你產生行動的動力源頭，能把你推向任何想追求的目標。具備毅力的人，他的行動必然前後一致，不達目標絕不罷休。

只要你有毅力，就能夠做成任何大事；反之，缺乏毅力就注定失敗和失望。一個人之所以敢於冒險去做任何事情，憑的就是他們的勇氣，而勇氣則源生於毅力。一個人做事的態度是勇往直前或是半途而廢，就看他們是否時常練習他的毅力「情緒肌肉」。

埋頭苦幹的人，並不表示他就有毅力，而他一定要能查看出實際情況的變化，並適時地改變自己的做法。試問，如果你只要走兩步路便能找到出口，難道非得把牆打個洞才能出去嗎？有時候單有毅力並不一定能成事，你還得有其他的配合做法，包括處事具有彈性、信心、快樂與活力。

彈性

要保證任何事能夠成功，保持彈性的做事方法是絕不可少。要你選擇彈性，其實也就是要你選擇快樂。在每一個人的人生中，都必然會遇到諸多無法控制的事情，然而只要你的想法和行動能保持彈性，那麼人生就能永保成功，更別提生活會過得多快樂了。

蘆葦就是因為能彎下身，所以才能在狂風肆虐下生存，而榆樹就是想一直挺著腰桿，結果為狂風吹折。

信心

不輕易動搖的信心是每個人所嚮往的，如果你想一直都有信心，甚至對於始終未曾接觸過的範圍也想試試，那麼你一定要打從心裡建立起「有信心」的信念。

你當從此刻便開始學習想像並感受那份信心——相信自己有資格取得，但這可不能光做白日夢，希望未來有一天它會平白地冒出來。當你有信心時，就敢去嘗試、冒險。要想建立信心有個辦法，那就是不斷練習去使用它。

如果有人問你，是否有信心能把鞋帶繫好？相信你會以十足的信心回答說：沒問題。為什麼你敢說得那麼肯定？只因為你做過這件事已經成千上萬次了。同樣的道理，如果你能不斷從各方面練習自己的信心，遲早有一天你會慢慢地發現，不知何時信心已在那裡。

要想使自己能做各樣的事情，你一定得去訓練你的信心，千萬不可害怕。很可惜的是，有許多人就因為害怕而不敢去做，甚至於根本還沒做之前，就已經因害怕而退縮了。在此需要告訴各位，許多成大事、立大業的人，他們成功的根本原因就在於所擁有的信心，想想看，在他們之前可能還沒任何可以參考的前例呢！也就是信心，推動著人類不斷向前。一旦你建立起上述的情緒，就必然能體會到。

快樂

記得在小學時，曾經以「快樂是我人生的最大目標」為題

作文，結果老師指正說：「快樂是生活的態度或生活的動力，而不是人生的目標。」

你知道嗎？內心的快樂與臉上的快樂是有差別的，前者能使你充滿自信、對人生心懷希望，帶給周圍的人同樣快樂；後者具有消除害怕、生氣、挫折感、難過、失望、沮喪、懊悔及不中用的能力，當你不管遭遇了什麼事，硬是在臉上浮現笑容，就會使你覺得再也沒什麼比這個更讓你難受的了。

要想臉上表現出快樂的樣子，並不是說要你不去理會所面對的困難，而是要知道學會如何保持快樂的心情或態度，那樣就有可能改變你生活中的許多事情。只要你能臉上常帶笑容，就不會有太多的行動訊號引起你痛苦。然而，要想讓自己很容易便覺得快樂，就必須充滿快樂情緒。

活力

活力是很重要的一種情緒，如果你不能好好照顧自己的身體，那就很難享受到擁有它的快樂。你要經常注意自己是否活力充沛，因為一切情緒都來自於你的身體，如果你覺得有些情緒溢出常軌，那就趕緊檢查一下身體吧！

你的呼吸怎麼樣？當你覺得壓力很重時，呼吸就會很不順暢，這樣就會慢慢的把活力耗竭掉了。如果你希望有個健康的身體，那就得好好學習正確的呼吸方法。

另外一個保持活力的方法，就是要維持身體足夠的精力，怎樣才能做到這一點呢？我們都知道每天的身體活動都會消耗掉精力，因而得適度休息，以補充失去的精力。請問你一天睡

幾個小時呢？如果一般都得睡上 8 至 10 個小時的話，很可能就有點多了，根據研究調查，大部分的人一天睡 5 到 6 小時就已足夠了。還有一個跟大家看法相反的發現，就是靜坐並不能保存精力，這也就是為什麼坐著也會覺得疲倦的原因。

要想有精力，你就必須「動」才行，研究發現你愈是運動就愈能產生精力，因為這樣才能使大量的氧氣進入身體，使所有的器官都活動起來。唯有身體健康才能產生活力，有活力才能讓你能應付生活中各式各樣的問題。由此可知，你一定得好好培養出活力，這樣才能控制生活裡的各樣情緒。

當你的心充滿了活力的情緒，那麼經由對人群的服務，擔任社會服務的志工，就可以讓大家一同來分享快樂與富足。

服務

有句話說：「生活的祕訣就在於給予！」

身為這個社會的一份子，如果你所說的話或所做的事，不僅能豐富自己的人生，同時還可以幫助別人，那種心情是再令人興奮不過了。常常你會被那些為了追求人生最高價值之人的故事所感動，他們無條件地去關心人們，帶給人們極大的福氣。每天你都應該好好省思，到底能為人們做些什麼事，而別只想到自己的好處。

一個能夠不斷地獨善其身並同時兼善天下的人，必然是因他明白人生的真義，那種精神不是金錢、名譽、地位所能比的。擁有服務精神的人生觀是無價的，如果人人都能效法，這個世界定然會比今天更美好。

測 驗 : 你知道自己的情緒智能（EQ）有多高嗎？

對下列題目，請你做出「是」或「否」的選擇。

□是　□否　1. 你認為大多數的人必須更加努力而不要輕易放棄。

□是　□否　2. 當學習碰到困難時，你認為這是對未來的警告。

□是　□否　3. 在你最好的朋友開始說話前，你就能分辨出他／她處於何種情緒狀態。

□是　□否　4. 當你的情況不妙時，你認為是到了該改變的時候了。

□是　□否　5. 與你的同學或朋友發生爭吵後，你能在他人面前掩飾住你的沮喪。

□是　□否　6. 儘管你知道自己是正確的，你也會轉換這一話題，而不願引來一場爭論。

□是　□否　7. 當你擔憂某件事時，你在夜裡幾個小時都難以入睡。

□是　□否　8. 你經常想知道別人是怎樣看待你的。

□是　□否　9. 你對自己幾乎能使每一個人高興而感到自豪。

□是　□否　10. 你討厭討價還價，儘管你知道討價還價能使你少花 200 元。

□是　□否　11. 你十分相信直率地說話，而且認為這樣能使一切事情變得更容易。

□是　□否　12. 與你最好的朋友告訴你好消息相比，你更易
　　　　　　　　受一部浪漫影片的感動。

□是　□否　13. 你在學習中做出一個決定後，會擔心它是否
　　　　　　　　正確。

□是　□否　14. 你認為你的家人或朋友對你寄予厚望。

□是　□否　15. 你似乎是這樣一個人：對於未來要做什麼，
　　　　　　　　你總是能夠提出有趣的設想。

□是　□否　16. 假如你有一根魔棒的話，你將揮動它來改變
　　　　　　　　你的外貌和個性。

□是　□否　17. 你會把任何事情都告訴你最好的朋友，即使
　　　　　　　　是個人隱私。

□是　□否　18. 你不會擔心環境的改變。

□是　□否　19. 你認為一點小小壓力不會傷害任何人。

□是　□否　20. 不管你學習（工作）多麼盡心盡力，你的老
　　　　　　　　師（老闆）似乎總是在催促著你。

◎評分標準：

　　　每題選「是」得1分，選「否」得0分。各題得分相加
後統計總分。

◎你的總分：

◎分析說明：

16 分以上：你對你的能力很有自信，因此，當處於強烈情
　　　　　感邊緣時，你不會被擊垮。即使你在憤怒時，
　　　　　也能進行有效的自我控制，保持彬彬有禮的君
　　　　　子風度。在控制你的情感方面，你是非常出色
　　　　　的，與他人相處也很融洽。

7～15 分：你能意識到自己和他人的情感，但有時卻忽視
　　　　　它們，不明白這對你的幸福是多麼重要。你非
　　　　　常注重升學或就業等諸如此類的事情。然而，
　　　　　無論實現多少物質目標，你仍然感到不滿足。

6 分以下：你過分重視自己，對別人不夠關心。你喜歡打
　　　　　破常規，並且不會擔心透過疏遠別人來得到自
　　　　　己想得到的東西。你可能在短期間內就會取得
　　　　　一定成果，但人們不久後就會開始抱怨你。

測 驗：你善於掌握自己的情緒嗎？

根據你的實際情況，請對下列題目做出一個適合的選擇。

【 　 】 1.當你走在馬路上，突然被一個沒戴安全帽騎機車帶
　　　　　小孩的人撞著了，你會怎麼辦？

　　　　　A.你想到怪不得昨晚做了不好的夢，就自認倒霉
　　　　　　吧！

　　　　　B.你會厲聲批評他，不讓他走，要他向你道歉，賠
　　　　　　償損失，結果把孩子嚇得大哭。

C.你想到沒戴安全帽騎機車違反交通規則要罰款的
規定，所以以找警察評理罰款威脅他。

D.你會對他說：「好險，差點碰傷孩子，往後騎車
小心點，再說帶孩子也不安全。」

【 】2.當你在排隊買球賽門票等得不耐煩時，一位不速之
客試圖在你前面插隊，這時你會如何？

A.你會想：「反正也不是只有我自己排隊，就這樣
吧。」

B.你會吹鬍子瞪眼向對方說：「自重點，到後面去
排隊。」

C.你會說：「我倒沒什麼，早點晚點都可以，但後
面的人們會有意見。」

D.你會說：「對不起，你來得比我晚，是吧？大家
都很忙，排好隊也不慢。」

【 】3.有天下午你提前下班，為了讓妻子（丈夫）驚喜一
下，你想在她（他）面前「露一手」，不辭辛苦地
張羅起來。由於技術不熟練和手忙腳亂，菜沒做
好。你妻子（丈夫）回來一看，埋怨你：「做的味
道不可口，火候也不夠，把好的材料都浪費了。」
這時你會如何？

A.雖然心裡很委屈，但還是一聲不吭地聽了。

B.你會說：「不好吃別吃」，隨手就將其倒掉。

C.你會說：「我本來是可以做好的，可是由於爐子
不好用才做不好。」

D.你理解妻子（丈夫），只是恨鐵不成鋼，高興地
對她（他）說：「這次是有點不成功，下次包你
滿意。」

【 】4.你的朋友當著眾人的面喊你很少讓人知道的「不雅
綽號」時，你會怎麼辦？

A.你會面紅耳赤、低頭不語，在眾人笑聲中顯得尷
尬，無地自容。

B.你會怒聲斥責他不懂禮貌，胡說八道。

C.你會反脣相譏，當著眾人面前給他起個不雅的外
號。

D.你會向大家解釋「綽號」的由來，說明並沒惡
意，以澄清是非。

【 】5.你剛買回一台錄影機，還沒有好好使用過，而你一
個朋友說要借看幾天，但你並不願意外借，你會怎
麼辦？

A.儘管心裡老大不願意，但還是借給他看了。

B.你不但不借給他用，還說難聽的話給他聽。

C.你會說：「咱們是好朋友，你不來借也要讓你看
幾天，只是不巧別人借走了。」

D.你會說：「我剛買來，先看看品質好不好，如果
沒問題，第一個借給你看。」

【 】6.你好不容易擠上公車，還沒站穩就被旁邊的一個人
踩了一腳，而且連一句道歉的話都沒有，這時你會
怎麼辦？

A.踩一腳就踩一腳，反正也沒踩傷。

B.怒聲斥責他，罵他「眼瞎」，並因此吵架，甚至動武。

C.不動聲色，到下車時回敬他一腳。

D.告訴他踩得很痛，雖說不是故意的，也該說聲對不起。

【 　】7.你到一家餐館用餐，服務人員給你找零錢時，少找給你幾塊錢，你發現以後會怎麼辦？

A.你會想：「算了，她這樣忙，如果她不承認也沒辦法」，便悄然離去。

B.你氣勢洶洶地質問、斥責她，說她這是「故意想占便宜」。

C.你什麼也不說，但離開時將一個杯子裝進口袋，以作抵消。

D.你會對服務人員說：「對不起，能否查一下，你多收了我幾塊錢。」

【 　】8.你的經理交給你一件並不屬於你職責範圍內的事情，雖然你對此項事情不熟悉，但還是費了九牛二虎之力完成。當你高興地去向他報告時，不僅沒受到讚揚，還指責這也不對，那也不妥。這時你會怎麼辦？

A.雖然滿腹委屈，但不說一句話，就默默走開。

B.你不買他的帳，拂袖而去。

C.你會說：「這事我也覺得不當，可是已經做好了。」

D.你耐心聽完他的話，找出錯在哪裡，今後如何改

進工作，並提醒他注意說話的禮貌。

【 】9.你到一家餐館就餐，點了一份價錢比較貴的菜，當

服務人員送來後，你感到份量不足，這時你會怎麼

辦？

A.你想，開飯店就是為賺錢，再說也沒絕對準確，

湊合吃下算了。

B.你把菜端著找到服務人員大吵大鬧，指責他們故

意坑顧客，發不義之財。

C.你一聲不吭地吃完，但臨走時給飯店使壞，比如

把醬油、醋倒掉或把桌布弄得很髒亂。

D.你把意見詳細寫在意見表上。

【 】10.你在辦公室裡，為了趕一件工作而忙得暈頭轉向，

此時電話卻急促地響個不停，你趕忙抓起電話，對

方卻抱怨你接晚了，且他又打錯了單位，這時你會

怎麼辦？

A.對對方的埋怨表示接受，然後告訴對方「您打錯

了」。

B.說一聲「這是火葬場」，卡擦掛電話。

C.你告訴對方要找的單位，你可不是這單位的人。

D.你說：「我是某某單位，請另撥該單位的號碼

吧！」

◎分析說明：

　　請數一數你選擇了多少個A、多少個B、多少個C和多少個D。

　　假設多數選擇A：表示你對來自外界的干擾、糾紛都持消極退讓的態度，即使屬於自己的正當權益也不能予以維護，至於對周圍發生的事情更是不分良莠，「睜一隻眼，閉一隻眼」。其實這並不是克制，而是逆來順受、自我解脫。不了解你的人還可能以為你胸懷大度，了解你的人會認為你缺乏個性。

　　假設多數選擇B：表示你脾氣暴躁、克制力又很差。你想怎麼說就怎麼說，想怎麼做就怎麼做，時間長了還會被認為是個缺乏修養的「粗魯漢」。在人際關係上容易出現危機，搞不好還要惹出事端。有時人們也可能敬你三分，但那並不是由衷佩服你。

　　假設多數選擇C：說明你有較強的克制力，不致於激化了生活中出現的矛盾。不過你這種克制在多數情況下，並不是真正意義上的控制消極情緒的鍛鍊，而是一種隱蔽、轉移等變相發洩。與人相處天長日久，會使人感到缺乏誠意，也不夠坦率，並由此對你敬而遠之。

　　假設多數選擇D：說明你有很好的克制力，克制的方法好，社會效果也蠻不錯。你寬宏大度、以誠待人的品格，受到人們的尊重，更包括起初對你懷有敵意的人。在人際關係上你是個有雅量的人。

測 驗 ：你是一個情緒快樂的人嗎？

在下列十個題目中，每題都有多個備選答案，請根據你的實際情況，選擇一個適合你的答案。

【 　 】 1.在以下三類中，你最不喜歡哪一類人？

　　　A.媚上欺下，自命不凡。

　　　B.欺軟怕硬，對那些沒有反抗能力的人十分兇狠。

　　　C.野心勃勃，舉止粗野。

【 　 】 2.你的睡眠情況屬於哪一種？

　　　A.睡得熟，入睡沒有什麼困難。

　　　B.睡不熟，容易醒來。

　　　C.睡得熟，但入睡困難。

【 　 】 3.你的社交態度是哪一種？

　　　A.我樂意和少數親密的朋友來往。

　　　B.我善於交際，熟悉的人有好多人。

　　　C.我有許多朋友，但和他們的交往不夠多，我一般
　　　　只和來看我的人交往。

【 　 】 4.如果有人對你無禮，你對他的憤怒會持續多久？

　　　A.很長一段時間，對於無理舉動，是不會寬恕的。

　　　B.不會生氣。

　　　C.時間不長會生氣，但不會懷恨在心。

　　　D.不會老是生氣，但以後會提防他。

【 　 】 5.你是以助人為樂的嗎？

　　　A.別人要求我幫助時，我很少拒絕。

B.要是我所能做的事對別人有幫助的話，我會做。

C.實際上我並不以此為樂，但是當我感到自己應該
為別人做點什麼的時候，或者由於某些原因使我
很感興趣的話，我是會做的。

【 　】6.你親近的人中發生了不幸時（如親人死了），你會
怎樣對待他？

A.我會盡力勸慰他，使他振作起來。

B.我會和他一樣難過，如同自己受到傷害一樣。

C.我會讓他了解我很難過，但我會和平時一樣對待他。

【 　】7.你遵守時間嗎？

A.非常遵守，時間觀念很重。

B.完全不遵守，即使提前出發，也不會按時到達。

C.不一定，有的時間遵守，有的時間不遵守。

D.遵守，一般都是按計畫到達的。

【 　】8.您認為保持環境整潔的重要性如何？

A.非常重要，我可以容忍別人的不潔，但對自己從
不這樣。

B.很重要，實際上我希望自己更整潔一些就好了。

C.比較重要，我是相當整潔的，但對不整潔也不那
麼在乎。

D.不重要，我寧願在一所雜亂但讓人感到輕鬆的屋
子裡，也不願呆在一所整潔但小小的屋子裡。

【 　】9.你將來找對象的第一個要件是什麼？

A.美貌。

B. 富有。

C. 有知識。

D. 能和諧相處。

E. 愛情至上。

F. 相互了解。

【 　】10. 你是否經常需要有獨自一個人的時候？

　　　A. 非常需要，我最平靜和最有創造力的時候就是我

　　　　　獨自一個人的時候。

　　　B. 不，我喜歡有人和我在一起。

　　　C. 我不討厭獨自一人，但也並不特別需要。

◎評分規則：

請對照下列表格，每題選擇正確記 1 分，選擇錯誤不記分，

然後將各題得分相加，得出總分。

題號：1　2　3　4　5　6　7　8　9　10

答案：B　A　C　C　B　C　D　C　D　C

◎你的總分：

◎分析說明：

2 分以下　：說明你在生活中沒有多少樂趣。

3～6 分　 ：說明你在生活中有許多愉快的時刻。

7 分以上　：你的生活相當快樂。

測 驗：你知道你的「心理年齡」有多大嗎？

正如你的「智力年齡」與你的實際年齡不一定相等的道理，你的「心理年齡」與你的實際年齡也可能不相等。在傳統的智力理論中，「智力年齡」與實際年齡的比值，叫做「智商」（IQ），「情商」（EQ）的概念，顧名思義，也是由此而來，在本書第一章裡，已經提供過測驗問題。這裡再提供讀者「心理年齡」的測驗，做為互相比較的參考。

以下的 20 題試題，就是用來測驗你的心理年齡。每題都有 3 個備選答案，請根據你的實際情況，選擇一個最適合你的答案。

【　】1.每個人對吃飯都有比較固定的習慣，下列哪種情況最與你相符？

A.我喜歡媽媽（配偶）一直為我做某種食物。

B.只要是好吃的，我全都愛吃。

C.我最喜歡自己做的飯菜。

【　】2.你正試圖向一位朋友解釋一個重要問題，他不贊成也不理解。你會：

A.繼續解釋。

B.覺得受傷或生氣，就不再說話。

C.迴避這個問題。

【　】3.某個你剛認識的人，吃力地想教導你某件你很清楚的事。你會：

A.告訴他你早知道。

B.不說什麼，但也不聽。

C.等他講完，再顯示你對此是十分精通的。

【　】4.當你病倒在床時，你最喜歡下列哪種生活方式：

A.被人們忙著伺候著。

B.自己一個人靜靜發呆著。

C.雖然喜歡被人注意或照顧，但寧願看看書和作點別的消遣。

【　】5.你喜歡哪種類型的人？

A.我常被那些比自己更強的人吸引。

B.我較喜歡接近那些看上去喜歡和尊敬我的人。

C.我喜歡那些看來需要我的人。

【　】6.在學校（工作）裡遇到了煩惱。你會：

A.出去散心，忘掉煩惱。

B.希望回家得到安慰。

C.去找個朋友傾吐一下心中的不快。

【　】7.你一直在取笑一個好脾氣的朋友，他／她突然與你吵起來。你會：

A.覺得難堪。

B.和他／她吵。

C.把這歸罪於自己，並力圖彌補過失。

【　】8.假如你和朋友聚會，開始覺得情緒低落了。你會：

A.請求原諒並盡快回家。

B.寧可痛苦也要作陪，直到最後。

C.強作歡顏，不讓人注意到你的情緒。

【　】9.如果你得了一筆獎（學）金。你會：

A.存起來。

B.用來買你一直想要但並非必須的東西。

C.用來買家庭日用品。

【　】10.下列哪種活動最使你感興趣？

A.能使你與別人接觸的任何活動。

B.擺脫壓力，進入純粹愉快的活動。

C.組織運動或其他有益的活動，像種花、做手工藝等。

【　】11.一位朋友指出了你某種令人討厭的缺點。你會：

A.感到忿恨。

B.煩惱並一度感到羞慚。

C.去問問另一個朋友這是否是真的。

【　】12.你最關心的那個人是不是：

A.與你相比，他／她更需要你。

B.與你相比，他／她同等地需要你。

C.與你相比，你更需要他／她。

【　】13.你正與某人套交情，你的一位老朋友對此人早有了解，他關心你並對你

提出警告。你會：

A.反感地聽他講。

B.聽從他說的任何事。

C.反對他說的任何事。

【　】14.如果一個朋友說了些讓你不高興的話。你會：

　　A.憤恨地與他絕交。

　　B.不管這話如何，心裡總是很難過。

　　C.不知道該怎麼說。

【　】15.你很想與某人成為好朋友，後來邀他／她去參加聚
　　會，但被拒絕了。你會：

　　A.覺得自己真傻。

　　B.不知道自己做了什麼事使他／她反感，但對此並
　　不特別難過。

　　C.聳聳肩膀對自己說，世界上又不是只有他／她一
　　個。

【　】16.一個朋友在最後一分鐘取消了與你的約會，而且毫
　　無正當的理由，你會怎樣想？

　　A.他／她有更重要的事情。

　　B.他／她遇到了什麼麻煩。

　　C.他／她有點沒頭腦，但你並不會為此很煩惱。

【　】17.當你對某件事有興趣時。你會：

　　A.努力做好事情，長時間緊追不捨。

　　B.投入進去，但很快失去了熱情。

　　C.有時A，有時B，還要看是什麼興趣。

【　】18.你怎樣看待自己，下列哪種情況最與你相符？

　　A.可惜沒遇上機會，不然我會做出很大的成績來，
　　而不是像現在這樣。

B.我取得的一切都與我長期的努力相符。

C.我花費大量的時間做著我不想做的事。

【 　】19.收到了意外的禮物。你會：

A.想一想該回敬些什麼。

B.感到高興。

C.想想送禮者要些什麼。

【 　】20.你已經安排好了假日的行程，但離假日還有 1 個月。你會：

A.感到很激動，以致於這期間的日子看起來都很煩人且漫長。

B.花很多時間去想像你將要做的事。

C.在此期間仍然像往常那樣過日子。

◎評分規則：

請按以下數字，將各題得分相加，統計總分。

題號	A	B	C	題號	A	B	C
1	1	3	5	11	5	1	3
2	5	1	3	12	5	3	1
3	3	1	5	13	5	3	1
4	1	5	3	14	5	1	3
5	1	3	5	15	1	3	5
6	5	1	3	16	1	5	3
7	1	3	5	17	5	1	3
8	3	1	5	18	1	5	3
9	3	1	5	19	5	1	3
10	3	1	5	20	1	3	5

◎你的總分：

◎分析說明：

20～45 分：你的實際年齡仍然穩定在兒童狀態。你愛聽讚
揚，總想取悅別人，有許多不切實際的想法，
特別渴望在感情上得到安慰。

45～75 分：你的內心世界是青少年狀態，既需要獨立自
主，又需要關心、愛護，存在著矛盾的性格傾
向。情緒變化大，不大穩定。

76～100 分：你很成熟，處理日常問題時相當老練。理性占
優勢，有很強的責任心。

　　你可以有幾個年齡，一種是實際的年齡，即過了一年，你
就長了一歲；而由於在不同的人生發展階段，其心理呈現不同
的典型特點，所以，你也有不同的心理年齡。實際年齡與心理
年齡的發展可以是不同步的，也就是說，一個實際年齡是 18 歲
的青年，他的心理年齡可以是 38 歲，即所謂的「少年老成」；
相對來說，一位 80 歲的老人，他的心理年齡仍然可以只有 20
歲，即所謂的「人老心不老」。

　　人的心理發展是一個從低級到高級、從量變到質變的複雜
過程。量變積累到一定程度，就會產生質變，舊質就會過度為
新質，如年齡的遞增。在量變（知識）過程中，舊質（年齡）
是相對固定的，整個發展過程就表現出階段性。雖然每個階段
各有其獨特性，但各階段之間又有相互連續性。在個人的心理

發展上，是有規律地從一個階段過度到另一個階段。以下幾點就是人的心理發展過程中七個年齡階段所特有的、一般的、典型的、本質的心理特徵。

1.乳兒期（0～1歲）的心理特徵

這是兒童學習說話的準備期，並且已具備一套無條件的反射裝置。剛出生時，兒童是完全以自我為中心的，只要生理上得到滿足，而不管由誰來滿足他。新生兒有兩類基本情緒：愉快與不愉快。每個兒童一出生就顯示出身體素質和氣質上的差異；新生兒已有視覺、聽覺、嗅覺和味覺。在1歲左右有明顯的記憶，但這時的記憶保持時間都很短，且都是不隨意的。心理學家湯姆斯（Thomas）等人按兒童在最初幾個月中表現的心理特徵，將兒童期分為三種類型：(1)容易（教養）的兒童；(2)慢慢活躍起來的兒童；(3)困難發展的兒童。

2.嬰兒期（1～3歲）的心理特徵

在言語方面，頭2年是學習口語的關鍵期。1到1歲半是積極理解言語的時期，聽得多、說得少；1歲半到3歲是主動說話的時期，句子結構不完整，語病、語誤不少。在感知方面，已能認識紅、黃、藍等幾種基本色，能辨別詞的聲調。在注意和記憶方面，都是不隨意的，依賴對象本身的新奇性、形象性和生動性。

在社會性方面，兒童開始從母親、孩子、父親的三角關係中走向社會。在個性方面，兒童已開始認識到自己和自己的力量，由此出現成人眼中兒童的第一反抗期。在思維和想像方面，有一種離不開動作的感知動作思維。在情緒方面，則變化

無常，一會兒哭、一會兒笑，並具有易變性、易受感染和易衝動性的特徵。

3.幼兒期（3～6歲）的心理特徵

在言語方面，這是個人一生中詞彙量增長最快的時期，喜歡自言自語，常出現口齒不清、發音含糊和口吃等三種失常現象。在注意和記憶方面，無意注意占優勢，注意穩定性較差，範圍較小，不能進行注意分配，學齡前中期開始出現有意記憶，但主要運用在機械記憶方面。在感知方面，隨年齡增長，視覺敏感度提高，不僅能認識顏色，還能運用基本顏料調出混合色，也能辨認一些圖形，對時間也有一定概念。

在情緒方面，情緒外顯、缺少控制、表現強烈，有了積極和消極的情緒體驗，是充滿好奇好問的疑問期。在社會性方面，喜歡與同伴遊戲，不甘寂寞。在個性發展方面，幼兒對自我會形成一定的看法，如聰明或愚笨、好看或難看。在個人的興趣、能力差異已有表現，已養成一套行為習慣。在思維與想像方面，進入具體形象思維階段，想像力豐富，但易受情緒影響，想像與現實易混淆，脫離現實。

4.童年期（7～11歲）的心理特徵

在言語方面，詞彙量不斷豐富，但口語表達常有發音不準確、語句毛病等現象，內部言語迅速發展，書面言語進入閱讀和寫作階段。在注意和記憶方面，注意的有意性增加，記憶從機械記憶、無意識記憶占主導地位，向意義識記、有意識記憶占主導地位轉化，辭彙的邏輯記憶能力增強。在感知和注意方面，顏色感性大為提高，言語聽覺敏感度接近成人，三維立體

形狀知覺有所發展。

在情緒方面，由以學習、同伴、教師等社會動因引起的情感占主要地位；在情感表現上較外露、不深沉、不易保持。在社會性發展方面，是一個不能沒有同伴的時期。在個性方面，個性特質和個性傾向性更加明顯。在思維和想像方面，以具體形象為支柱的抽象邏輯思維逐漸成為思維的主要形式，但思維尚缺乏靈活性、精確性，易帶片面性。在想像的內容方面，逐漸精確，和現實較一致，開始了初步的幻想。

5.青少年期（12～34 歲）的心理特徵

整個青少年時期是人生的過度期，就其心理發展水準來說，是迅速走向成熟而又尚未完全成熟的時期。一般稱 12～14 歲為青春期，15～18 歲為青年初期，19～22 歲為青年中期，23～34 歲為青年晚期。這時的青年富有理想、追求真理、積極向上，但也往往由於認知上的侷限性和心理上尚處於走向成熟的過程，容易在想像不符合實際時遇挫折打擊，以致頹廢萎靡。

在這個時期，個人擁有強烈的自尊心，也往往會伴隨著遭受挫折時的自卑、自輕，處理不當會對青年的身心有很大影響。青年自我意識存在著孤獨感與強烈交往需要、獨立性與依賴性、求知慾強而識別力低、情緒與理智、幻想與現實、強烈的性意識與社會規範之間的矛盾，這是青年不成熟的表現，十分需要積極引導。自我意識發展到青年時代，那種兒童少年時代眼光朝外著重於認識外部世界的特徵，這時已轉向朝內認識自己的內在自我。

6.中年期（35～59歲）的心理特徵

古代的偉大思想家孔子說自己「四十而不惑，五十而知天命」。40歲和50歲正是中年時期中的兩個整數年齡，代表了人到這個年齡時，辦事有決斷（不惑）力，還掌握了客觀事物的一般規律（知天命）。中年人的生理功能雖然從40歲開始緩慢下降，但是作為社會人，心理成熟與知識、經驗以及社會實踐有關。中年人的心理能力正處在一個繼續向上發展的時期，一個智力正常的人，其心理發展所能達到的高度，與社會環境有關，更與其主觀能力有關。中年人處在這樣一個心理成熟的時期，肩負著承先啟後、繼往開來的社會重任。

中年人的心理能力發展始終是一個動態過程，而且個體差異很大。所以，心理成熟不可能有一個具體的標準，但有一個大致上的原則，包括以下幾個方面：(1)能獨立地進行觀察和思維，組織和安排自己的生活；(2)智力發展到最佳狀態，能進行邏輯思維和做出理智的判斷，具備獨立解決問題的能力；(3)情緒趨於穩定，有能力延緩對刺激的反應，能在大多數場合中，按照客觀情境控制和調節自己的情緒及情感；(4)處世待人，主要是在處理人際關係上，其社會行為趨於幹練豁達；自我意識明確，有自知之明與堅韌的毅力。

7.老年期（60歲以後）的心理特徵

人到老年，由於腦功能的衰退，人的心理狀態會產生相應的變化。美國一位心理學家曾列出了老年人心理老化的種種跡象：(1)記不住近事；(2)討厭喧鬧；(3)固執己見；(4)喜歡談過去的事；(5)對過去的生活常常後悔；(6)對現在發生的事都無所

謂；⑺事事總以自我為主，以關心自己為重；⑻不易接受新事物；⑼如有急事在身，總感到心情焦慮；⑽不願和陌生人接觸；⑾對社會的變化疑心重重；⑿常常關心自我感覺和自己的情緒變化；⒀常講自己過去的才幹和功勞；⒁願意一個人過日子，不願去麻煩別人；⒂常蒐集和貯藏無趣且無聊的東西，而自得其樂。

第二部分

情緒的管理

情緒管理

第四章

情緒的誘發

第一節　情緒的整體框架

　　情緒的誘發多概括為：是由那些帶有「愉快或不愉快」的內部特質或外在信號事件的出現和結束所引發的；換句話說，它是由正向或負向刺激的強化而引發的。這四種情況（包括正負強化的事件或正負強化的信號）可以解釋不同情緒的誘發，例如：「不愉快的預期」是給人帶來恐懼感的前因（恐懼感是指逃跑或迴避的傾向以及害怕的感受），而愉快事件的終止或不愉快事件的出現，同樣會產生消極的情緒。當人產生「快樂事件即將終結」的預期時，如果逃跑與迴避是可行的話，他將產生恐懼感；如果個體有敵意行為的傾向，就會引發憤怒；如果個體對問題感到一籌莫展，就會產生悲傷與絕望感。其所誘發的情緒主要取決於當事人，以及誘因上的差異。此外，所謂的非享樂性或認知性的情緒（如驚奇、興趣、好奇），都是由意外事件所誘發的。

我們可以從一個更加綜合的角度來分析這個問題。眾多的理論家都認為，與個體的利害關係、個體的動機、主要目標以及與個體的幸福有關的事件，是誘發情緒的原因（Frijda, 1986; Lazarua, 1991; Mandler, 1984; Oatley, 1992; Stein & Trabasso, 1992），這有助於使個體實現目標或得到滿足感，而該事件會引發愉快感；相反的，那些阻礙目標實現的事件則會引發消極的情緒而與個人的利害、動機、目標關聯不明確的事件，易使個體產生驚奇或好奇感。目標未能實現（行為失敗或目標難以實現）時，會引發悲傷的情緒；當有人阻礙目標的實現時，會導致憤怒的產生等等。在目標實現與情緒的自我報告研究中，有許多證據支持上述的觀點（如 Oatley, 1992; Stein & Trabasso, 1992）。實際上，在前面一小節中所提到的各種情況，都符合這一理論。

從更廣義的角度來看，無論在先天的本能還是後天的學習中，個體會將許多人或事物視為實現自己動機的相關對象，因此許多情緒的產生都與動機有關。從這一角度出發，我們就可以解釋諸如愛情、慾望（性慾）、好奇心和享樂等現象（Kubovy, 1999; Rozin, 1999）。

有證據顯示，幾乎沒有任何一種情緒是單純由人所固有的情感性刺激所誘發出，絕大多數情緒的產生，都與誘發事件的特定意義有關；換句話說，這一事件必然與後繼事件相關聯，或與周圍的環境條件相關聯。因此，心理過程的作用發生於誘發事件與情緒反應的中間。

以上談到的這些心理過程均被稱為評定過程。它們是構成

評價理論或認知情緒理論的核心成分（Amnold, 1960; Frijda, 1986; Lazarus, 1991; Oatley, 1992; Scherer, 1999; Schorr, Scherer, & Johnstone, 2000; Smith & Ellsworth, 1985），這一理論獲得了多方面的公認。首先，心理過程能將所知覺到的事件賦予一定價值，而這種過程可能受到多方面因素的干擾和影響，如大腦杏仁核的損傷，以及麻醉藥物的使用（許多抗抑鬱藥物使個體更加冷漠）；第二，對於一個情緒誘發事件而言，個體所產生的情緒往往與對該事件的評定有關，而與該事件的客觀性刺激無關，如當個體沒有充分認識到時，即使面臨或經歷失敗，也不會產生悲傷的情緒；第三，這些情緒誘發事件的很多方面都是具有主觀性的。

到目前為止，人們為找出「不同評定與不同情緒之間的對應關係」，已經進行了大量的研究。許多此類型的研究，是要求受試者回憶一系列帶有被指定情緒色彩的事件（如「請回憶一件引發你憤怒的事件」），並完成一份調查問卷，然後講出評定成分所引起的作用（如「這一事件對你目標的實現是有益還是有害呢？你是否可以控制事件的發展？是否有人應該對這一事件負責？」）。從總體而言，在這研究中的確發現：在特定的情緒與特定的評定模式之間存在著緊密的對應關係。然而，我們仍不清楚的是：究竟在多大程度上可以把評定作為情緒產生的原因。這是因為自我陳述報告的結果，是個體的情緒經歷，而非情緒的誘因，甚至是事發後的思維建構（Parkinson, 1995; Schorr, Scherer, & Johnstone, 2000）。另外，支持這一理論的實驗研究也是存在的，例如：有實驗指出：恐懼不僅來自

於人們對事件結果的不確定性，而且還來自於對危險的預期；然而這種實驗性的研究仍是不多見的。

這一理論還提出了一些更重要的觀點，認為不同的個體對同一事件的評價可能是完全不同的，因此這將導致他們產生不同的情緒。評價的差異，可能來自於個體對事物懷有不同的期望，擁有不同的認知模式（使個體對真實事件做出不同的推理），以及人們具有不同的追求目標。此外，個體對不同事件訊息的捕捉能力，存在著程度上的差異，而且個體對事件的缺失或期望也存在著差異。因此，評價性理論可以用來解釋個體情緒的差異性，以及情緒的瞬息變化。

由於把認知變量也作為情緒的一種誘發前因，因此在表述情緒的誘因時，評價性理論會用「情境」代替「刺激物」。而刺激物從不會單獨起作用，它總是與個體的以往經歷、刺激出現時周圍的情境交互作用的（例如：社會支持的作用，在壓力下解決問題的方法，成功應對問題的自信等）。

將情緒的誘發原因解釋為情境而不是刺激物，可以幫助人們認識到：依據人們的關注點不同，以及評價的差異，一個特定的事件可以包含有多重不同的情緒涵義，一個事件可以同時或相繼地誘發不同的甚至截然相反的情緒。因此，人們把其描述為事件的情緒機制，在這一機制中，同一個前提可能對應著截然相反的情緒結果（例如：壓力可以導致憤怒，同時也可以使人屈服），而恰恰是評價的作用，使我們難以提前確定可能會產生的情緒。

內部特質與外在刺激

　　特定的刺激或條件本身，具有令人愉快或不愉快的屬性。這種好惡的形成一般是先天的（例如：對甜食的好感、生理疼痛引來的不舒適感等），也可以是基於早期習慣的形成（例如：對食物的偏好或挑剔）（Rozin, Haidt, & McCauley, 2000）。而更多的情緒誘因是透過聯想、不同形式的學習以及推理，與這些內在情感性刺激、條件相聯繫而產生的。此外，一些刺激並非先天地可以誘發人的情感或情緒，但它們卻可以使好惡情緒易於產生，或者使人的條件性迴避或趨近反應易於形成。這就是所謂的「預備假說」（preparedness hypothsis）（Ohman, 2000），此一假說，可以透過人生來就容易對蛇、蜘蛛等產生高度產生恐懼感，而得到證明。

　　內在情感刺激就是行為主義理論所謂的「一級強化物」，它們不僅僅侷限於人的味覺、痛覺以及其他的身體不適感，透過對人類及靈長類和其他高等動物的研究，一級強化物還包括：雌性給雄性的性視覺刺激、友好的、悲傷的和憤怒的面部表情，以及言語表達等（Fridlund, 1994）。事實上，其他的內在情感刺激是以群集的形式出現的，例如：新刺激會令人感到有興趣（Ito & Cacioppo, 1999），但是新奇本身當然不是刺激的基本屬性。所以說，人們所追求的事物，以及令人滿意的條件都是複雜的，而且它們與基本刺激物之間的關係也是模糊的，例如：這種滿意的條件可以是：某個特定個體的出現，這種出現給人帶來的是親切感（主要是指愛情）（Bowlby,

1969），或是一種熟悉的刺激（Zajonc, 1986），或是被同類群體所接受和喜愛的感受等（這是社會成員之間形成親密關係的基礎）（Baumeister & Leary, 1995）。它們還包括所謂的超個人價值，例如：當個體受到威脅或取得成就時，就容易產生強烈的情緒，如正義感、人的自由、人際關懷等。與此相同，自尊產生的原因及其涵義，同樣是個未解之謎。類似的還有：某些動作行為能夠誘發內在積極性情感，但我們卻不能稱之為「事件」。上述所舉的例子，都可以在物種（人）的幼年時期表現出來，這超越了機能的習慣水準，顯示出一種非遏制性的機能特點（Kubovy, 1999; Rozin, 1999）。

內部特質指的是個人的性格與自己的生活經歷，外在刺激指的是會讓自己產生情緒反應的任何事件或情況。個性沉著的人遇到快樂的事情，他會淡淡一笑，甚至不形於色，但個性開朗的人則會開懷大笑。有一個人在走路時不小心跌倒，有的人會偷偷笑，有的人會當做沒看見，也有人會立刻伸出友誼的手扶他一把。而這個跌倒的人對於別人的反應，會一笑置之，或是心生埋怨。

人類的情緒有時是自發的，但是通常都受到外界所誘發，例如：我們會「觸景生情」、「有感而發」或「逢喜生樂」。加上我們的人際互動與個人遭遇，甚至不經意的小事，也可能造成情緒的強烈反應。

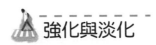 強化與淡化

情緒也可以誘發幅度更大的全身性行為，例如：憤怒的攻

擊、恐懼的逃走、渴望的接近等。其中一些是先天性的行為
（威脅性攻擊、恐懼的反應，如愣住、逃跑、躲避等），另一
些則是後天習得的。全身表現性行為是構成行為方式的組成成
分，而且在行為方式之中還有一些屬於全身性的行為（例如：
哭、笑是最明顯的例子）。

在很大程度上，先天和後天的行為都可以被看作是應對性
行為，例如：可以把驚訝的面部表情理解為是一種定向性反
應；把笑理解為娛樂性反應，並傳遞了娛樂的互動訊息（Dar-
win, 1872; Frijda & Tcherkassof, 1997; Ruch, 1993）。在特定的
情境中，同時出現或相繼出現的行為通常都具有相似的功能，
正如範‧霍夫（Van Hooff, 1982）在大猩猩的行為研究中發現
的那樣，自我防禦性行為、敵對行為、相互愉悅性行為、親和
行為等都是很好的例證。

這種在功能上的「等同性」，有助於我們將情緒理解成為
人的動機狀態、行為傾向（Arnold, 1960），或行為準備狀態
（Frijda, 1986）。

我們對於情緒的產生，會有一種加強或減弱的傾向，例
如：碰到會讓自己生氣的事，就發脾氣、開口罵、動手摔，然
後將相關人、事、物的陳年舊事，再拿出來重複講，結果有如
提油救火，一發不可收拾，怒不可止。或是，忘掉過去向前
看，冷靜的想，漸漸化去心中的怒氣。

有種現象是當兩個人吵架時，爭執的聲音音量會愈來愈大，
這是因為怕自己的話對方聽不到，然而對方也是這樣地大聲，以
致於雙方更會聽不清楚，就愈吵愈大聲，然後就無法化解，甚

至變成動手互毆；所以其中的一方如果能將音量變得小一點，反而會讓雙方知道爭執的焦點，如此就有助於化解爭議。

我們在欣賞音樂時，會隨著當時的音樂種類，讓自己的情緒溶入曲調之中，例如：聆聽抒情的古典音樂，會平靜我們的心情；聆聽激昂的進行曲，會讓我們精神振奮。

時間是淡化情緒的最佳武器；悲傷需要時間來療傷，還有：退一步，海闊天空。不過，在不好情緒發生的一瞬間，最重要的是先不要隨意發言，以免傷人傷己，弄成沒有台階可下，只好一意孤行，繼續得罪別人。

第二節 情緒與動機的關聯性

積極與消極

當我們愈積極面對事情，就會大事化小，小事化無。而處事消極，卻會因為消極，注意力不足，就會錯失解決事情的最佳時機。

積極的心態，可以加強自己的信心，即使遇到阻礙，也會不畏艱難，努力尋找解決之道；消極的心態，會弱化克服困難的決心，遇到障礙，最會抱怨，甚至於逃避現實，不願負責，最後一事無成。

實現目標

從小到大，我們都會被問到有什麼目標，有的人要當老

師，有的人要當老闆，有的人要當模特兒……等等，但隨著時間逝去，有些人會忘記自己的目標，只好隨波逐流，講好聽一點是隨遇而安，但有目標一定會比沒有目標，更有意義。

當我們朝著目標前進時，會先預計達成目標可以帶給自己有形或無形的收穫，所以有極大的誘惑，吸引自己一步步朝向目標前進。若不幸最後無法達成目標，雖然遺憾，但是仍保有可貴的經驗，可以做為下一個目標的參考，所以訂下合適的目標絕對有益。

得到滿足

通常我們可以發覺一個很有錢的人，他會想去賺更多的錢，問他已經很富有，為什麼還這麼打拚？這是因為他心中一直有未達成的滿足，即使已達到某些目標，暫時得到滿足，不過，很快地，他就會有另一項事業等待他去創立。尋求滿足是很好的驅動力，即使不能像有錢人賺更多的錢，但替自己訂一個比較簡單達成的目標，享受一下達成目標的滿足感，也是不錯的嘗試。

第三節 情緒喚起的一般條件

從反應的角度來看，情緒不僅包括情感，同時還包括人的行為傾向以及生理變化等；因此，情緒的產生原因不僅僅侷限於帶有好惡色彩的刺激物和條件，還與現存事物的改變以及人們期待有關。也就是說，對當前事件的適應水準決定了情緒的

喚起以及情緒的強度；而適應水準本身又決定於誘發事件的初始狀態和人們對其的期望狀態，人們對二者的比較起了非常重要的作用。有的時候，人們會拿現實情況與「本該實現的情況」做比較，這時便會產生強烈的後悔情緒。舉個例子來說，只差一步就趕上公車，與公車在 10 分鐘前就開走了，兩者相比，人們當然覺得前者更糟。另一種比較的情況，是把他人所擁有的作為比較的對象，從而產生了嫉妒。

不僅如此，一個特定的事件（如威脅、損失、目標實現等）能否誘發情緒，取決於個體應對的策略是否有效。當個體使用常規的方法就可以應對時，就不會誘發情緒（至少絕大多數情緒成分都符合這一規律），例如：當面臨危險時，如果個體知道該如何應對，就不會誘發恐懼感，這正像是訓練有素的登山隊員，在攀登時所表現的那樣。只有當常規的應對方法無效，或是個體對成功沒有把握時，才會誘發個體產生被體驗到的情緒、自主性喚起，以及行為上的障礙。而個體在無法預料是否可以取得成功的情況下，最終取得了成功，將會使個體產生高興與自豪的情感。又比如，當學習對即將出現的電擊做出迴避反應時，在學習的早期階段，動物會產生如前文所述的情緒，一旦動物學會了如何及時和快速地迴避時，這種情緒就會自然消失。這種個體對「應對方法」是否及時、有效的不確定性，也是誘發情緒的一個前提條件。

由於個體在評價意義、自身經歷、認知模式，以及具體相關背景上存在著差異，所以對一個特定的刺激事件，不同個體間的評價會有很大的差異。也就是說，某個特定事件可能會誘

發完全相反的不同情緒，例如：性刺激會誘發性慾（以及相關的性慾反應），但也可以激發產生人際間的關懷，或是產生對行為結果的恐懼感。

情感

試想，如果有一天你正在逛街，無意間看到一對男女，正在大庭廣眾之中熱烈親吻，仔細一看，那是你認識的人，你會有什麼反應？相反的，你不認識那對戀人時，你又會有什麼反應？與我們親近的人，由於關係較深，我們會特別在意彼此的互動，甚至於要求更高，期望更多。

行為傾向

喜歡運動的人，看到一顆從足球場拋到場外的球，他會撿起來，然後擺好球，將球踢回球場內；喜歡舞蹈的人，聽到好聽的音樂，會隨之起舞；喜歡音樂的人，聽到熟悉的音樂，會跟著音樂哼唱；節儉的人，通常較勤勞；有潔癖的人，眼睛所見之處，不容一絲髒亂；急性的人，動作迅速；身為企業領導人，會吩咐別人多於親自動手。

生理變化

剛起床的人，思緒還不是很清楚，要等到完全清醒才會正常。生氣的時候，千萬不要做任何決定，以免後悔。每個人都有生理時鐘，在一個週期之內，會隨著生理變化影響自己的情緒反應。年齡是改變情緒的重大因素，當然是因為閱歷增加，

另外是身分也不同,例如:年輕未婚,年長有子孫等。

 期待

剛從投注站簽選樂透號碼的人,對於得大獎最為期待;參加聯考的考生,期待名列前茅;參加完面試,最期待被錄取;待在產房等太太生產的先生,最期待母子平安。

通常,我們有所付出,就會期待有好的結果,應該沒有人不想要獲得好的回報,即使擔任義工或志工,當他們無所求付出時,他們也一樣有期待,他們會期待被幫助的人能夠生活得更美滿,他們會期待所做的事能夠更順利與圓滿。

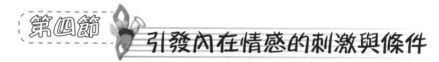

第四節　引發內在情感的刺激與條件

 味覺痛覺與其他身體的感覺

喜愛美食的人,當他嚐到美味的時候,會特別愉快,而每次吃飯都是囫圇吞棗的人,那就算有頂級美食,對他而言,就跟吃自助餐一樣。

拳擊手的訓練包含挨拳,那樣的疼痛,普通人一定受不了,不過,對拳擊手而言,每當他挨拳時,他會由疼痛的刺激,深刻記得如果下次對手又出同樣的拳,他會閃得過,當然,這是蠻殘酷的。

老師為了要讓學生用功念書,總會出一大堆習題,舉行很多次考試,再訂一些規定,例如:沒有達到得分標準的,要打

幾下手心。老師充分利用痛覺來讓學生努力學習。

異性的視覺刺激

情人眼裡出西施，很多的實驗都證明，尤其男人對女人的接觸，從視覺的刺激最大。有一則廣告是，男人為了注目漂亮的女人，只顧著視覺享受而撞到了電話亭。其實，外表是吸引別人的第一要件。

表情與言語表達

當我們去銀行或公家機關，如果櫃檯人員的臉部表情很溫和，詢問細節時又輕聲細語，我們一定會感到特別舒服。其實，所有與我們談話的對象，會隨時注意我們的表情及言辭，敏感的人，甚至可以根據表情與言辭來查覺對方談話的意圖。

情緒管理

第五章

生理與情緒

  情緒與生理反應

情緒的生理機制

　　由於情緒的產生在神經生理上，是多水準整合活動的結果，它涉及廣泛的神經生理生化過程，包括：大腦皮層、邊緣系統等中樞神經系統，以及自主神經系統、軀體神經系統、內分泌系統等多種體內系統的共同作用，而且，這些系統的作用似乎都是同時發生，難以區分先後。這就給心理學家們對情緒產生的具體機制的描述帶來很大的困擾。

　　多年來，心理學家們就情緒發生的機制做了形形色色的解釋，提出了各種各樣的理論，但至今仍未取得一致性的意見。目前影響最大的一種情緒機制理論是由美國心理學家阿諾德（Arnold）提出的，他強調大腦皮層在情緒產生中的作用，並認為情緒的來源是對情境的認識和評估，而這種評估是在大腦

皮層發生的。

阿諾德舉例，當人在森林裡看到熊時會產生恐懼，而在動物園裡看到關在籠子裡的熊，卻不產生恐懼。所以，情緒的產生主要是取決於人對情境的認知評價。只有在認知評價出刺激情境對人的意義後，人才會有相應的情緒產生。依照阿諾德的說法，情緒是依照這樣的程序產生的，當人的感官受到一定的刺激後，在感受器中產生的神經衝動上傳到丘腦，在丘腦更換神經元後再傳到大腦皮層，在大腦皮層上產生對情境的評估。

這時只要情境被評估為對有機體有足夠重要的意義，大腦皮層就會發出命令激活丘腦系統和邊緣系統，並影響自主神經系統和內分泌系統而發生生理的變化。而後外圍生理變化的訊息又回饋到大腦皮層，並與皮層最初的評估相結合，純粹的認識經驗都轉化為情緒體驗。

阿諾德指出，由於上述生理機制過程發生的極為迅速，所以，在人的感覺上，似乎所有的變化都是同時發生的。而事實上，在情緒的發生過程中，生理各部位的活動參與還是有其一定先後的，是按照一定程序來進行的。

阿諾德的理論強調大腦皮層在情緒發生中的整合功能，強調不同情境產生的作用，這是具有較大的實際意義。例如：運動員在平時訓練時不緊張，而到比賽時則很可能產生緊張情緒，導致技術水準發揮不正常，這就應歸因於大腦皮層對不同情境進行評估判斷後產生的不同反應。

因為阿諾德的理論具有較強的實際價值，所以它在很長一段時間內得到了大多數心理學家的認同。然而，最近有關情緒

產生必須經過大腦皮層評估的觀點，受到了嚴重的挑戰。

　　美國紐約大學神經科學中心的科學家們研究發現指出，並不是所有的情緒發生都必須先通過大腦皮層的整合與評估的；而杏仁核在情緒發生過程中所起的作用，比人們過去所認識的要大得多。

 ## 性格決定各種生理反應

　　從聲音緊張分析器，我們可以用來測量進入耳朵後個人一般不能覺察的某些情緒變化：所有的肌肉（包括聲帶）在活動時都會發出輕微的振動。當人的情緒緊張時，發音器官的正常顫動，便被自主神經系統的活動所抑制。透過使用聲音緊張分析器對人的語聲進行記錄，聲音圖像便可以顯示出來。

　　由於人在說話時，聲帶的振動不能被隨意地控制，而且不需要使受測者和儀器的許多導線相連接，只要通過錄音或收音，再透過分析器的轉換就可得到聲音圖像，因而增加了鑑定結果的可靠性。

　　此外，我們也可以從生理反應中測量出人的情緒反應，如測謊。科學家使用多導生理紀錄儀可以同步記錄各項生理指標，包括：心跳、脈搏容積、呼吸、皮膚電反應與聲音等，可同步取得多項數據用以進行綜合分析。

　　目前在西方一些國家的司法部門裡非常流行的測謊儀，實際上就是多導儀，它利用人在說謊時會產生一定的情緒反應，並在生理變化中表現出來這一特點，透過同步記錄各項生理指標後所做的分析，來鑑別受測者是否說謊。

在測謊過程中，先對受測者的各項生理指標之基礎水準進行測定，然後向他提出一系列要求回答的問題，這些問題中包括中性問題和有關鍵意義的鑑定性問題。問題之間有足夠的時間間隔，以使受測者的各生理指標在回答每一問題前，都能始終保持常態。若受測者在回答鑑定性問題時說謊，則很可能產生緊張情緒反應，並在各生理指標上表現出相應的變化。鑑於生理變化主要受自主神經系統支配，一般不受人的主觀控制，所以測量結果是比較客觀有效的。

自主神經系統的活動在人們情緒過程中，起著極為重要的作用，它所帶來的有機體反應，也是我們認識情緒的重要途徑。但是自主神經系統並非情緒產生的中樞機制，它的活動只是對情緒起著支持和延續的作用，而真正在情緒過程中起關鍵作用的部位還是大腦中樞。

為何性格會主導各種生理反應？例如：有些人很有自信，所以面對陌生人說話不會緊張流汗；有些人講謊話會臉紅；外向的人主動積極，容易融入群眾之中。

第二節　情緒的測量

呼吸

呼吸是情緒的第一種測量器。呼吸的變化可以透過呼吸描記器記錄下來。根據紀錄曲線，可以分析呼吸頻率和深度的變化，並由此可對受測者情緒狀態及其變化做出一定的判斷。

我們可以看到，高興時呼吸深度不大，頻率略快於平常，整個呼吸曲線基本上較有規律；悲傷時呼吸頻率很慢，每次呼吸之間的間歇時間較長；處在興奮、積極思考狀態中，呼吸頻率稍慢、均勻；在恐懼狀態中，呼吸頻率變得非常快，但有間歇、停頓的跡象，振幅變化沒有規律，反映出恐懼時的震撼狀態；而處在憤怒情緒時，呼吸頻率大大增加，呼吸深度也異乎尋常地增大。

另一個呼吸紀錄指標為呼氣與吸氣的比率，一般正性情緒下呼氣與吸氣比率，即呼氣時間短、吸氣時間長；而在負性情緒下，其比率相反，也就是呼氣時間長、吸氣時間短。一般人可以在不同情緒狀態下觀察呼吸產生的曲線：(1)高興：每分鐘17次；(2)悲傷：每分鐘9次；(3)思考：每分鐘20次；(4)恐懼：每分鐘64次；(5)憤怒：每分鐘40次。

情緒狀態下呼吸的變化，一般只標定次數而不標示情緒特異性，即不可由此判斷特定的情緒，但是它還是為情緒的分析和評估提供了重要的線索。

脈搏

在情緒狀態下循環系統的活動，一方面表現為心跳速度和強度的改變，另一方面表現為外圍血管的舒張與收縮的變化。如滿意、愉快時，心跳節律正常；恐懼或暴怒時，心跳加速、血壓升高。用心動電流描記器和心電圖儀可以把心臟活動的變化記錄以下兩項：(1)脈搏容積；(2)呼吸。

研究顯示，在實驗室模擬針刺麻醉條件下，患者疼痛緊張

情緒的手指管控容積和呼吸反應。結果表明，疼痛緊張情緒引起血管容積縮小，且血管收縮持續的時間與疼痛緊張情緒的緊張程度成正比，即緊張程度愈大，持續時間愈長。

皮膚

在一般情況下，皮膚電流運動具有一定的電阻參數。由於情緒狀態下會出現皮膚內血管收縮的變化和汗腺分泌的變化，因此皮膚電阻也會出現一定的變化。如當人處在緊張的情緒狀態時，皮膚導電電流會增加，皮膚電阻會下降。有位受測者在觀看電影時記錄下皮電圖，當銀幕上出現兩個扭打者從懸崖上滾落到山崖下急流的場面時，被試者的皮膚電阻會降至最低點。

第三節 人的表情

表達性行為是指，能夠反映人內在情緒的行為，它也是心理學家們研究的重要課題。從整體上來講，表達性行為具有非習得性的和普遍性的特點。「表達性行為」或「表情」這類名稱具有誤導性，從理論上來講，它們是指能夠表達人們情感的行為。

在表達性行為中，人們研究最深入的是面部表情。對此，達爾文（Darwin, 1872）曾經從進化論的角度加以解釋，並進行過描述性分析。隨著時間的推移，精確的計分方法逐漸發展起來。請受試者以不同照片上的人物表情為線索，對照片中人物

的情緒進行評價和歸類，結果發現其正確率很高〔正如艾克曼（Ekman）的分類研究一樣，1992〕。在西方文化背景下，這種判斷的一致性（以照片中表情所傳達的訊息來判斷情緒）可以達到 56%（判斷「輕視」所達到的一致性）至 98%（判斷「高興」所達到的一致性）；在受教育水準較低的國家裡，這些數字相對較低，但仍高於隨機水準（Ekman, 1994; lzard, 1971）。這種一致性的程度很可能受到所用研究方法的影響（Russell, 1994），但仍足以說明，面部表情與情緒的一致性，而在相當大的程度上，人的面部表情又受到不同文化背景的影響（Ekman, 1994）。對這一現象的解釋是，面部表情是構成基本情緒的神經傾向的一部分（Ekman, 1982, 1994）。弗瑞蘭德（Fridlund, 1994）對這一觀點提出了異議，他認為面部表情與特定情緒並非嚴格地一一對應。根據弗瑞蘭德的研究，面部表情與情緒之間並無顯著的對應關係，在一個人沒有產生任何情緒時，也會有表情，而且人的表情對當時的情境（如聽眾是否在場）十分敏感。因此，這種面部表情是為了影響其他個體，而不是為了表達情緒。就功能而言，這種情況下的面部表情，與由情緒直接引發的表情是完全不同的。所以，我們也可以把面部表情理解成是可以應付情緒性事件的「應對性行為」（Lazarus, 1991），這種應對還包含了人們可以透過運用威脅或求助的多種表情來向他人施加影響（Frijda & Tcherkassof, 1997）。

人的表達方式是多種多樣的，有身體姿勢、語調、哭叫、全身性動作等（Feldman & Rima, 1991）。身體姿勢與身體動作

的精細編碼系統已經得到了人們深入的研究，然而迄今為止，對它們與情緒間特定關係的研究還是非常少。笑與哭當然是一種複雜的、性質被誤解的全身性反應（Ruch, 1993）。

研究者使用具有不同語調的標準語句與假語句，對情緒的聲音表達進行了研究。與表情照片分類相似，人們也可以區別出不同的語調所反映的不同情緒類別，而且這是在針對多種不同語言種類的研究中所得出的結果（Johnston & Scherer, 2000）。

人處於一定的情緒背景狀態時，身體的某些部位往往會出現一些相應的動作變化，這些變化就是我們通常所說的表情。人的表情主要包括：臉部表情、體態表情和聲調表情等三個部分。

表情在人的情緒傳遞和感染、情緒知覺和評估等方面有著極為重要的作用，於是控制表情和從表情中辨別情緒的能力高下，就成為決定一個人情緒智商（EQ）的關鍵因素。

臉部表情

臉部表情包括：額眉、鼻頰、口唇等面部肌肉的變化所組成的模式，例如：愉快時，額眉平展、面頰上提、嘴角上翹；悲傷時，額眉深鎖、上下眼睛趨近閉合、嘴角下拉；輕蔑時，嘴角微撇、鼻子聳起、雙目斜視等。由於人的臉部表情模式能最精細地區分不同性質的情緒，因而成為鑑別情緒的主要標誌。

體態表情

體態表情是除了臉部表情外，個人身體其他部分的表情與動作，例如：狂喜時捧腹大笑；悔恨時捶胸頓足；憤怒時磨拳擦掌；意興闌珊時垂頭喪氣；得意時春風滿面；吵架時睜大雙眼；說話特別大聲等表現。

 聲調表情

聲調表情指情緒發生時在言語的聲調、節奏和速度方面發生的變化，例如：悲哀時，語調低沉、語速緩慢；喜悅時，語調高昂、語速較快。此外，驚嘆、煩悶、譏諷、鄙視時，也都會造成一定程度的音調變化。

情緒管理

第六章

情緒的功能

了解自己與別人

朋友

「益者三友，友直、友諒、友多聞。」我們從小到大，都會交一些朋友，有的是同學、鄰居、同事，有的是在路上點頭之交的朋友；當然，每一個朋友都會和我們有一些交集，但當我們跟某個朋友交往；而這個人有些嗜好與我們相同，那就會無所不談，因為我們共同有一個專注的事務，例如：體育活動、古典音樂、集郵……等。

朋友是我們的鏡子，我們可以看朋友的經歷，來調整自己的行為，例如：朋友很會念書，我們可以請教他讀書的方法。

在工作中有「好朋友」的人，工作最有效率，也比較少發生意外，樂於服務顧客並與人分享新點子，做事創新不守成。

朋友可以影響我們的健康，如果朋友有健康飲食的概念，

那麼我們有機會也會有非常健康的飲食。友誼在社會中的價值是值得我們珍惜，每一種朋友都將在自己的人生過程中扮演著重要的角色。

擅長鼓勵的朋友，會激發你的潛能，找出你的優點。朋友可以是我們的精神支柱，讓自己有充足的精神糧食，也是分憂解勞的好夥伴。朋友是我們的資訊中心。我們也是別人的朋友，希望朋友怎麼對待自己，就要盡力成為你朋友心中的好朋友。

上司與屬下

要當一個成熟的好上司不容易。在屬下心目中是個好上司，大概也會是同輩中，令人敬佩的好同事及好朋友。好的上司對屬下尊重並且信任，並清楚了解各種人性的需求。

從屬下角度看，好上司的條件不外乎是否公正？會不會過度情緒化？以及個性、專業能力等。不好的上司，通常被認為太過於極端，或是太寵信自己的人脈，還有嫉妒他人的專業能力或是程度。對屬下鼓勵多於責備、賞罰分明也是好上司的條件。有前瞻的遠見、有原則、懂得運籌帷幄，而不是眼光短淺、沒有主見。用人不疑，知人善用，適度授權也是成熟上司需具備的條件。

上司除了下達命令外，也必須依賴屬下的盡心盡力，才可以在競爭的環境中領先同業。屬下要如何向上管理呢？部屬會因為遇到好的上司，吸收到有用的經驗及觀念，於是改善了部屬做決定的品質及成果。而部屬不能單純的接受領導，必須給

上司適當的回饋，因為上司難免有所疏漏，絕不可礙於階級身份，而不做適切的意見表達。上司與屬下如果能夠成為好朋友，就可以加強這個組織的行動力。

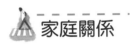 家庭關係

　　家庭，從小到大對我們的影響已經深深地灌注在我們身上，它塑造了我們的個性，也左右了我們日後的發展，在家庭中所學到的各種行為，都將一直影響著我們。

　　個人都來自於不同的家庭，廣義的家庭包含父母親或扶養他們長大的親友或是育幼院。人與普通動物最大的不同是人一出生到這世上來，就需要比較長的時間來成長，而人類又必須學習許多知識與技能，更須仰賴家庭提供照料與養育。此外，關懷與愛更是不可缺少的，心理學家已經證實，若在兒時缺乏關愛，日後發展出偏差問題的可能性會大增。

　　家庭關係愉快、滿足而且令人充滿安全感，是我們在外面遇到挫折時，支持我們的最大力量，也是我們的精神支柱。反過來說，不和樂的家庭經驗，最讓我們感到氣餒，更想要逃避。美好的家庭經驗，我們應該保留；令人沮喪的家庭關係，我們要察覺這些經驗對我們的影響，避免自己也受到傷害。

　　不良的家庭關係其關鍵在於溝通，家人之間的溝通常常是影響彼此關係的根源，尤其在青少年這個階段，父母親採取的溝通方式若是不恰當，經常易導致衝突；另外，手足之間的互相比較，也是關係好壞的重點。

第二節 改善人際關係

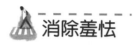

消除羞怯

羞怯會讓你拒絕接受挑戰，其根本是信心不足。它會造成情緒上的困擾，進而影響你的人生。有些人面對別人，總是怯生生的；有些人自認為個性羞怯；有些人則在面對公眾場合的緊張狀況下才羞怯。對陌生人感到緊張，在處理人際互動會有信心不足的傾向。最普遍的怯意是怕自己失態、不得體、被嘲笑。羞怯時會表現出冷淡退縮，而別人會誤以為他冷漠而跟他疏遠，這會使他更羞怯。

要克服羞怯，要先了解自己的怯意是什麼。把每一次產生羞怯的感覺記錄下來，再加以歸納，就能找出自己羞怯的事。

克服羞怯的第二個方法是「準備」。你想參加社交聚會，就要預先清楚參加者的身分、職業、興趣等資料，你對他們有所了解，就比較不會陌生，就會有話題。當然，話題儘量廣泛，如社會新聞、經濟和政治趨勢等，都值得留意。

有人擔心被拒絕，有人擔心被譏笑或受冷落等。你怕邀請人時被拒，就先想好被拒時怎麼回應，例如：「你現在不方便，沒關係，下次有機會再邀你！」當你擔心不好意思推辭別人的請求時，可以先想幾個回應之道，例如：「對不起，今天不方便！」、「明天再回你話好嗎？」等等。

有時你會為交涉複雜的事務，而覺得羞怯，則可以用劇本

對話的方式，從幾個不同的角度，虛擬假設彼此的對話。預作準備能增強信心，對克服羞怯絕對有效。

你能跟人先寒暄幾句，就能在談論主題時，表現出鎮靜和自信。你能預作準備，了解別人，就能及時給人適當的支持，在講話、作簡報及討論時，就能表現得自信和穩重。

羞怯的人，會不知不覺地表現出冷漠退怯的表情，所以你要作點心理準備。要提醒自己，注意肢體語言，保持跟別人打招呼、微笑、握手、眼神接觸，注意別人的優點和讚美等。只要你表現出這類平易開放的姿態，就會得到別人的友好和善意的回應。這時，你開啟話題，就很容易得到回應。

在社交場合中，我們要聆聽別人說話，尊重別人，這是禮貌，也是談話能進行的條件。不過，當別人沒什麼話可說時，你不妨問幾個問題，例如：「你怎麼把工作做得那麼好？你當初是怎麼進入這一行的？」然後，你可以支持對方，表示「對！我同意。」或是「嗯！我也有興趣。」這種支持性的回答，有助於對方說話和表達。

總之，先對羞怯預作準備，屆時就不會羞怯。

第三個克服羞怯的方法就是扮演該扮演的角色。很多人羞於為自己爭取合理的權益，往往會放棄應有的權益。有些人受到不公平待遇，只會忍氣吞聲。羞怯會壓抑察覺和表示意見的勇氣，這使個人的潛能無從發揮。因此，每一個人都要學習克服羞怯，勇於表達意見。

克服羞怯還有一種方法，那就是把你的羞怯說出來，這會使你的羞怯立即消失，讓自己鎮定地表達意見，例如：如何克

服羞怯時所產生的口吃？很簡單，只要一上台就把你會口吃告訴大家，那麼你就把結巴變成不是重點了！

另外，就是採取漸進方式，從參加三五好友的社交活動，漸漸及於較正式的聚會；從幾個人聊天，到聆聽各種討論會，到主動發表意見。只要你肯努力去嘗試，由易而難，羞怯就可以克服。

羞怯是很自然的事，只要得到適當的支持和鼓勵，勇於嘗試與人交往，羞怯就會漸漸消失。有些人則一再受到譏笑，又沒有得到正確指導，而產生羞怯的情緒，以致於影響自信。透過上述的方法，必能克服它。只要肯花工夫努力，勇敢地面對社交活動，羞怯會自然消失，進而能重獲自信與自尊。

減少對立

與其說減少對立，可以更進一步的說：促進和諧。亞里斯多德說：「自然是用對立的東西來製造和諧，而非用相同的東西。」西班牙大畫家畢卡索（Picasso）畫了一幅畫，名叫「和諧」。那是一幅有點怪的畫，在畫中，魚在鳥籠裡，而鳥則在魚缸裡。這怎麼能叫和諧呢？畢卡索解釋說：「在和諧中，一切都是可能的。」

不同的人種、不同的價值觀、對立的政治意見、南轅北轍的生活態度，都是構成社會豐富、美妙與和諧的必要素材。如果這個世界都是相同的人種、相同的價值觀、相同的政治意見、相同的生活態度，那這個世界會是多麼的單調無趣！要欣賞互相的差異，並站在對方的角度來看這個世界，互相尊重對

方的選擇，就會發現這個世界多麼美妙。

第三節　促進社會和諧

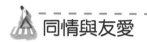

同情與友愛

　　因為經濟或各種能力的不同，社會上總有一些需要幫助的人，就算是兄弟姊妹，也是一樣。要讓社會更和諧，有能力的人必須發揮同情心，去幫助需要幫助的人。社會和家庭的成員都有同情心，會使所有的人覺得自己很幸福與美滿，因為隨時都有人會在身旁照顧自己，當我們有需要的時候，總有人伸出雙手扶助我們。我們需不需要去擔心別人會不會來幫我們，就像農夫種植農作物一樣，按時施肥、除草、驅蟲，就會有所收成；平時自己發揮同情心去幫助別人，自己需要幫助時，自然就會有別人來幫助自己。

　　友愛，就是把周遭的人都看作是自己的親人，若是能如此，則社會必定是和諧的。例如：有一天在路上，與別人的車子發生擦撞，而錯在對方，如果你將對方視為是自己的親人，你會說：「下次小心點！」我們經常看到路中間停了兩部車，看起來擦撞的情況並不嚴重，兩位駕駛不是拿著行動電話在連絡保險公司，就是在互相指責對方開車不遵守規則，如果你將對方視為自己的親人，一定不會為了爭執對錯，而讓整條道路塞車。

知足與感恩

　　知足就是要讓我們能夠去珍惜現在所擁有的東西；不管是事或物，得到他人給你的恩惠，更要懂得感恩。

　　我們去求取功名或利益，是很正常的，但能夠得到的，也許與自己的期望有些差距，這時應感到滿足，珍惜已獲得的，這樣會讓自己對不足之處，不再介意。

　　感恩和知足是相輔相成的，當你知足時，你就會了解獲得的可貴，也更會珍惜它；而當你知足後，你就會發覺，自己是個多麼幸運的人，你會感謝帶給你幸福的那件事、那個人，這就是感恩了。感恩，就是那麼簡單，不需他人指導，更不需去強求，因為當你對所處的情況感到知足時，心中就會有感恩之意。

　　我們要對誰感恩？如何感恩呢？這些都不重要。當你想表達對某人的感謝時，不知道該說什麼，是很正常的。當你感謝別人，你會發現，其實別人做這件事是因為他們願意付出，而自己說謝謝並帶感恩的心，是件對你百益而無一害，對他人有禮的事，何樂而不為？

第七章

認知與情緒

　　評定過程包括了認知過程，因此，人的認知會影響情緒的喚起，而改變認知也會改變情緒。拉紮魯斯（Lazarus, 1991）的早期實驗研究證明了這一點：他讓受試者觀看不同的情緒材料，當指導語不同時，受試者的情緒反應也會不同。在認知行為治療法中，這一觀念得以廣泛應用（Beck, 1976）。

　　認知在情緒誘發中引起的作用，引發了人們激烈的爭論，部分原因是在傳統觀念中，情緒與認知是相對立的，另一部分原因是人們對認知概念的界定仍含混不清。有時，把認知定義為有意識的思維和考慮，但有時卻定義為在意識或無意識狀態下的訊息加工過程（Leventhal & Scherer, 1987）。

　　我們可以對不同水準的認知過程加以區分。悌斯達勒與巴納德（Teasdal & Barnard, 1993）將認知劃分為命題水準（prepositional level）與隱喻水準（implicational level），前者只包括實際訊息的表徵（factual information representation），如言語的表述；而後者的訊息表徵包括表象（mental imaged），並與情感和動作相聯繫。命題訊息（prepositional information）不

影響情緒，而隱喻訊息（implicational information）則會影響人的情緒。這種差異性可以解釋為什麼不是所有的認知知識都可以誘發情緒；抽象的知識，如「蜘蛛無害」以及「吸菸可以引發癌症」的警告語，常不會引發人的情緒。伯沃與道哥雷仕（Power & Dalgleish, 1997）在他們的 SPAARS 模型中，進一步提出了聯想表徵和類比表徵的概念。然而，大多數的研究者認為，聯想表徵（如在條件刺激與非條件性的電擊之間之聯繫）和類比表徵並不屬於認知。也就是說，雖然多數的情緒有認知前提，但一些基本性情緒則沒有。這是因為條件反射可以完全獨立於原始的非條件反射性情感刺激（特別是外傷條件反射，如燈光閃現後施加強烈的電擊之試驗）。即使當受試者知道條件刺激本身並無傷害性時，也並不能將這種反應作用立即消除（LeDoux, 1996）。

即使情緒的喚起在很大程度上依賴於認知前因，也不能否認非認知因素所引到的關鍵作用。只有當情緒的潛在誘發因素通過聯想、表象以及早期的情感，與先天的情感刺激和條件反射相聯繫時，這些誘因才能喚起情緒的產生（Frijda, 1988）；這就是潛在誘因具有隱喻性水準的原因所在。

第一節　從了解自己調整情緒反應

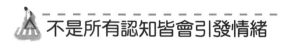

不是所有認知皆會引發情緒

我們的情緒反應跟自己的生活經驗有關，若關心政治，只

要一聽到不合理的政治事件，就會想要找別人談論，將自己的主張表達；若喜愛藝文活動，只要有畫展、音樂會等，一定會引起自己的興趣與注意；重視生活品味，可能注重穿著、飲食。每個人都有自己特別注目的焦點，但也都因個別程度的不同而不同，就像有人不吃辣，卻有人要吃麻辣才過癮；有人散散步就算運動，而有人一定要跑步流汗才叫運動。

如果沒有特別的注意或訓練，我們只根據自己的判斷做各種的情緒反應，但每天見過的人、談過的事都這麼多，除非自己特別注意，很容易對熟悉的人、事、物，做很輕忽的反應。透過訓練來控制自己情緒的人，會對外來的環境刺激，具有高度的判別能力，也特別能維持自己的品格與行為。

反省與認知

情緒在很大的程度上，可以影響認知過程。首先值得注意的是，情緒可以喚起注意，並具有分配注意的作用，正如個體在回憶以往發生的情緒性事件時所出現的情況那樣（Christianson, 1992）。注意的分配有助於解釋倒 U 曲線規律，也就是當個體處於適中的情緒狀態時，將有助於提高其行為表現的質量，若個體的情緒過分激烈，則會產生相反的結果。個體的心境與其回憶事件的性質是相一致的。積極的心境易於回憶起積極的事件，反之，則容易回憶其消極的情緒事件。積極的情緒與心境有助於提高認知的靈活性與創造性，例如：贈送給受試者一個意外的禮物，他們就會在隨後進行的「認知靈活性測驗」中取得更好的成績。社會判斷能力也會受到心境的影響：

在積極心境下，個體會更傾向於做出令人滿意的判斷，而消極的心境則會導致不明智的判斷。情緒會使人的判斷傾向於固執，甚至對相反的訊息加以抵制。

人，經常做錯事。沒有反省的過程，就不易認知自己行為的缺失，大部分的人會保持緘默，是因為害怕指出你的錯誤之後，會得罪你。如果想要反省自己，最好的方法就是寫日記，透過日記將過程記錄下來，包括自己的想法與別人的反應，日後再翻閱日記時，就知道哪些行為需要調整。

第二節 改變注意力

注意力是什麼

人們是透過身上五種感覺器官的匯集資料來認識周圍的環境，這些包括：視覺、聽覺、嗅覺、觸覺和味覺，不過每個人都會偏重其中某一種感覺器官，或者是一般人所稱的「感元」。比如說，有的人比較容易接受他眼睛所見的影像，亦即視覺器官的功能居於這個人對外界認識的首要地位；另外有些人則較偏重使用聽覺器官或觸覺器官，以盲胞的例子特別明顯。

在每一個人的感元下，又可分為數個次感元，用以改變你對外界所匯集資料的強弱變化。比如說，你可在心裡思量某一個影像，然後就這個影像的某一角度（一種次感元）做某種程度的改變，使你因而有較先前不同的感受。當這個影像被你放

亮一些後，你的感受很快地就會有所改變，這就是次感元的改變。透過次感元的有效控制，你可以加強或減弱你的感受，它的範圍沒有限制，可以是快樂或沮喪，也可以是好奇或失望。

要想了解次感元，不妨用商品條碼來說明，會更容易了解。這些條碼事實上只是一些粗細不等的黑色直線條，不明內情的人可以不知道它的重要性，可是當它經過掃描機掃過之後，便可告訴電腦這個商品的名牌、成本、售價、庫存以及其他有關資料。次感元的作用跟商品條碼頗有雷同之處，當你使它們經過那個稱之為「頭腦」的掃描機後，它們便會告訴頭腦這是什麼東西，有什麼樣的感覺以及該怎麼辦。

我們與其他人一樣，都有屬於自己的條碼編制方式，而所編制出來的項目表洋洋大觀，每一種次感元都有它自己的管轄範圍。比如說，如果你較偏重於使用視感元的話，那麼你對於某次經驗的感受，很可能就是視覺次感元所匯集到有關大小、顏色、亮度、距離和位移的綜合結果；如果你較偏重於使用聽感元的話，那麼所得到的感受就是跟那個經驗有關的音量、節拍、音詞等次感元所測得的結果。

如果要想使一個人振奮的話，首先就得調好他的感元頻道，若他是偏重於視感元的話，那麼就得提供能刺激他視覺次感元的因素；若是他偏重於聽感元或觸感元的話，那就得提供刺激他聽覺或觸覺次感元的因素；至於有些人可能得三管齊下，先用視覺、再用聽覺、最後用觸覺，當三類都用上了才能管用。一旦你了解了這些次感元對於人們認知上所扮演的角色後，便可以從人們平常的談話中，測知他們較偏重於使用哪一

類的感元，然後便可以投其所好。

到底你能使自己的感受改變到什麼樣的程度，就要看你能把次感元改變到什麼程度。你必須學會好好控制自己的次感元，讓它們所呈現給你的一切經驗都對你有幫助，比如說，你要好好審視一下某個令你頭痛的問題，那麼就不妨把這個問題擺在腦子裡，然後想著把它拉遠，接著你站在高處換個新的角度去看它，問問自己：「這時對這個問題的感受如何？」

對很多人來說，頭痛的程度會減輕。現在你再把它拉近，使它變得更大、更亮，請問此時的感受又會怎麼樣？是不是感受更強些呢？這種次感元的改變有點像是改變菜單中的菜色那樣簡單，它們確能改變你對於外界事物的最終感受。

只要改變了次感元，便可在很短的時間內改變對任何事物的感受。比如說，就以昨天所發生的某件事而言，如果你重新把它在腦海裡呈現，把它慢慢推選列在幾乎一公里之遠，成為一個模糊的小點，直到沒入黑暗之中，請問：此時這件事給你的感覺是昨天發生的，或是覺得好像發生了好久？如果這件事給你的是個好印象，那麼就把它拉回來，否則就讓它留在那裡吧！誰希望一直記住那樣的事呢？

當你有一個很好的記憶時，就算是它發生於很久之前，好好地回想一下吧，把它拉到眼前，讓它變得更大、更亮、更立體、更富有色彩。現在希望你跨進去成為其中的人物，請問：此時你覺得它是發生於很久之前呢？還是它就發生於近期？你瞧，你只要改變一下次感元，便可以把發生的時間都改變了。

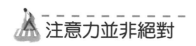 注意力並非絕對

這個世界上很少有什麼是絕對的，包括你的注意力、價值觀、審美標準等。一般來說，任何一件事物給你的感受或在你心目中的意義，完全取決於你的注意力處於何種狀況，而不是事物的本身。它僅僅是一種你個人的「觀點」，只是對事物某一角度的認知結果而已。你不妨拿照相機的鏡頭來作比喻，它在攝取影像時，永遠只是一個大畫面的某一部分或某一個角度，因而就整個畫面而言，鏡頭很容易便會造成事實的扭曲。

假設你現在帶著一台照相機去參加某個宴會，在大廳裡的某個角落你把鏡頭對準其中一群正在爭吵的人，所拍出來的照片會給人什麼樣的印象？是不是好像整個宴會就是一團糟，大家都在吵來吵去，沒有一個人快快樂樂的？然而，如果你把鏡頭對準了大廳另外一個角落，正有一群人高興地笑著，訴說各樣有趣的話題，這時所呈現出來的畫面給人什麼樣的感覺呢？是不是這個宴會辦得十分成功，每個人都覺得很快樂呢？

由此你可以知道，心中怎樣呈現，感受就會怎樣被控制。這也就是何以有些未經當事人同意出版的傳記，會那樣引人反感的原因，因為那只是作者個人對當事人生活的主觀認知而已，因而常常把事實的真相給扭曲了。

傳記之所以不太為一般人所相信，乃是因為其中很多事跡是透過作者的「取景角度」而做的詮釋，以個人傳記特別顯著。你知道照相機實在是具有很強的扭曲事實的本領，當你使用了近拍鏡頭時，往往會把事物放大甚多；若是再經過專家有

心的安排，所拍出來的東西極可能模糊了事實或貶低了它的重要性。套句愛默生（Emerson）所說的話：「你在看別人時，事實上乃是通過了自己的心（境）。」

結果取決於注意力

如果你主持一次會議，結果其中有一位仁兄未能及時到場，這時你心中的感受就取決於你的注意力所在。在你心中對於他不能到場是持什麼樣的看法？是他根本就不在乎這場會議？或者他碰巧遇上了什麼困難？這就要看你是從什麼角度去看了，你用什麼樣的注意力，就會造成什麼樣的情緒。

如果說他不能及時到場，是因為正和別人談到一些與開會相關的重要事情，你卻因不知情而發火。待日後知道真相時，那如何是好？別忘了，你的注意力往往會決定你的情緒，所以最好不要隨便下結論。

注意力會影響你對於事實的認知，因而你應當好好控制自己的注意力，免得不小心而被戲弄了。

你如果想控制你的注意力，最有效的方法便是藉助於提問題，因為你提出什麼樣的問題，腦子便立即會轉到有關的答案，也就是說：你找尋什麼，就會得到什麼。如果你提出的問題是：「這個人為什麼要占我的便宜？」

這時，你的注意力便會放在找尋被占了哪些便宜上，也不管這個人是不是真的占了你的便宜。

相反地，若是你問道：「我怎麼才能改變不利的狀況呢？」

這時你顯然就會去想一些能使你扭轉局面的辦法。事實

上，注意力乃是開啟你無限潛能的鑰匙，是改變你情緒最有效且最簡單的一種方法，能在極短時間內扭轉你人生的方向。

下面就是一個關於上述道理的典型例子。那是一位成長於美國阿拉巴馬州的孩子，約在 15 年前他被同校一名太保同學打了一頓，連鼻子都打出血來，氣憤之餘他發誓一定要做掉這個傢伙，以報仇雪恨。於是他回家翻出了母親所擁有的一把手槍，然後就氣沖沖地出去找他的目標，可以說此時他已經走到了命運的分界點。

終於他看見了那個太保學生，只要輕輕一扣扳機就可一洩心中怒氣，不過就在這重要關頭之際，他反問了自己另一個問題：「如果扣了扳機，我會有什麼後果？」

隨之大腦就浮起這樣一幅畫面，他得在牢獄中接受長期監禁的懲罰，裡面會有什麼樣的非人折磨令他難以想像，他的父母會如何傷心，這些可能的後果帶給他的痛苦實在遠遠大於復仇的一時快樂，於是他放棄了報復而把槍擊向一棵樹。

這個男孩名叫波‧傑克遜（P. Jackson），後來他在自傳中寫了這段兒時的回憶，無疑地那件事是他人生中的一個分界點，就因為把注意力從報仇的快樂上轉向坐牢的痛苦，結果使這位可能毀掉一生的孩子成為當代極富盛名的運動員。

第三節　改善情緒問題

各種情緒反應

　　情緒反應可以不保留完全表現出來，生氣時，罵人；高興時，開懷大笑；憂鬱時，流淚。簡單的情緒反應，影響的範圍最多及於周遭的朋友或親人，影響的程度也不會很大，過些時候就沒有關係了。不過，隨著時間及想法改變，任何的情緒都有加強的可能，例如：當與人爭吵時，如果無法自行撫平怒氣，就胡思亂想，愈想愈氣，發展到極端，還會想要做不利於對方的動作，當然這是屬於人性的黑暗面，不要發生才好，以免害人害己。

　　好情緒可以讓人心情好，壞情緒就像流行病一般，沒有辦法改善自己的心情，更會對別人不利。

　　你會注意到公司機構、婚姻關係、宗教團體以及企業組織中，有些人極思獲得他人的信賴與合作。他們參加訓練課程、研討會和各種研究社團，並且研讀各種有關的書籍，希望能對人際關係有所了解，以加強本身影響他人的能力。但是，他們毫無成效。追根究底，是因為他們有仇恨的心理。

　　他們的仇恨有很多種形式，例如：喜歡挖苦他人、冷漠、冷酷無情、刁鑽刻薄或是懷有偏見。偏見比其他各種單一的力量更容易造成人與人之間的隔閡，也因此對那些受害者造成心靈上與精神上不可避免的傷害。

偏見是由於一種封閉心境所造成的，這種現象通常出現在迷惑狀態的人身上。這隱藏著一個意思，那就是拚命地想要在一片混沌的思緒中，理出一點頭緒。這種類型的人，會希望藉著攻擊他人，來理平混亂的思緒。

　　對於個人而言，懷有歧視與偏見，會在他自己的人生歷程中，造成莫大的傷害。為什麼？這正是人類理性中一個直到現在還不可解之迷。

　　每天有數以百萬計的人到夏威夷去，他們從大草原、城市以及世界上的每一個國家，來到這個自海水中升起來的島嶼。他們成群結隊地瀏覽每個名勝古跡——山谷、瀑布、海灘、鳳梨園以及玻里尼西亞文化的藝術品。幾乎毫無例外地，每一個觀光客的共同反應都是：「這個地方與我來自的地方是多麼的不同！」

　　他們發現這個島嶼優雅可愛，當地的人大方又迷人，他們在這裡停留，直到精神恢復、精力充沛時才回家去。他們滿意地說：「到這裡來，使我感到心情舒暢許多。」

　　他們帶著懷疑與期盼的心來到這裡，結果發現確實不虛此行。但是一般人對於自然界的看法與對人類的看法，卻大不相同，這不是很奇怪嗎？大自然中，那些怪異的、奇特的以及不了解的東西，使你感到很有趣也很刺激；但是同樣的特質表現在別人身上，卻變成威脅、錯誤，以及拒絕、歧視和偏見的原因。

改變表情

　　我們在生氣的時候，如果去照鏡子，一定沒有笑容，如果沒有經過訓練，我們不能在生氣之時，不露出怒相。要改變傷心或憂鬱的心情，除了內心思緒的平靜之外，最直接的方式就是先假裝自己在笑，把笑容裝出來，立刻就會把傷心或憂鬱的心事，忘記一半以上。我們也可以做個實驗，假設今天被加薪，應該是喜形於色，這時故意把表情弄得很憂愁，看看自己還會很快樂嗎？

　　改變表情就可以改變情緒。當我們看到滿面笑容的人，就算是不認識，我們也會感覺很輕鬆愉快；而我們看到面帶憂愁的人，也不好意思開懷大笑。所以要有好心情，就要先有好表情。相對的，如果你要讓氣氛平靜，就要收起笑容。

第八章

文化與情緒

　　個人的情緒和情感反應及表現，是受到生活環境與文化的影響，文化差異決定了每一個人的情緒和情感反應；於是，個人情緒的社會化議題就被提出來討論。

　　情緒社會化的另一結果是：形成文化差異。在不同民族之間，某些帶有特定文化意義的表情訊號，可能在涵義上會有所不同，甚至是互相對立的，例如：點頭在東方、法國和德國等許多國家表示「對！」而在保加利亞等國家則表示「不對！」

　　情緒社會化的文化差異，還表現在表情規範方面。如華人傳統文化講究含蓄，喜怒不形於色；日本人強調禮儀，在陌生場合下絕不表現慍怒；而美國人則追求個性，情緒表達較為開放自由。

　　此外，先天盲童的表情日見匱乏和單調，愈來愈不如常人那樣靈活與豐富的情況，也客觀地說明了社會強化表情在智力發展中所引起的重要作用。新生兒的表情本來並不複雜，只是在其後來的成長發展社會化過程中，由於不斷接受其他成人、兒童以及各種媒介的影響，掌握的表情模式逐漸增多，自身的

表情也日益變得豐富與複雜起來。這正證實了社會環境對人類表情反應的強大影響力。

不同的文化對情緒有著不同的分類，至少在不同的語言種類上，對情緒有不同的分類。表示情緒的詞彙在不同的語言中，可以從少到 7 個（馬來西亞語的 Chewong 語），多達 2,000 個（英語）。在不同的語種之間，情緒詞彙的涵義存在著顯著的差異，以致於不能相互翻譯。儘管在不同的語言中，表示情緒詞彙的結構趨於一致，但同時也存在著明顯的不同。在不同文化背景下，對基本情緒的分類也是不同的，例如：在印度哲學中，基本的情緒是高興、悲哀、憤怒、性激情、活力或英勇、厭惡與驚愕。

在認知評價與行為準備這兩個比較重要的維度上，也存在著文化間的差異，例如：在非洲文化中，意象的影響是情緒評定的一個重要層面，而在西方卻對此忽略不計。人們對不同情緒的功能也有不同的看法和重視，有的從社會規範的角度出發，有的從自尊的角度出發。

儘管情緒的基本機制和情緒的敏感性具有跨文化的相通性，但是實際的情緒現象，以及同一種情緒所引起的社會作用卻有很大的不同（例如：攻擊性的武斷在英語中被稱為憤怒）。這種情緒基本機制的相通性與具體情緒跨文化的差異性之間，並不存在著矛盾。因為我們知道，幾乎所有情緒的層面都會受到認知以及習得訊息的其他形式之影響。我們在討論這一個問題的時候，也有必要聯繫到情緒的誘因、涉及動機的情緒資源，以及反應指令系統。作為鑲嵌於情緒之內的影響因

素，文化背景參與了人對符號訊息的加工過程，並使個體對「他人做了些什麼、應該做什麼」，有著自己文化的敏感性。

從另一個方面來講，當研究方法給我們提供了進行比較的手段時，我們不難發現：由文化引起的情緒及其表現形式上的差異，要遠小於基於不同情緒類型而產生的差異。

第一節　情緒的社會化

我們從出生之後，經由父母、老師及其他人的文化薰陶，成為社會化的人，這整個過程就叫社會化。其中，性格的養成與社會化有密不可分的關係，而情緒的表現與性格更是息息相關，雖然性格大多由基因決定，但經由生活的經驗、學習與信仰等，性格也會改變，而這些過程因不同的社會而產生不同的結果，例如：有些民族個性傾向友善與文雅，不喜歡暴力，也有的民族強悍與激進。如果社會化的一致性非常強烈，並使所有人都接受同樣的訓練與教導，那同一個社會的人就極有可能具有相同的性格傾向。

以民族大熔爐──美國而言，是由許多種族組成，在社會化過程中，每一個家庭的小孩接受的培養，以及人生目標和期望，都有很大的差異，因此多種族的社會對於不同個性與行為的人，有較大的接受度。

我們一輩子都持續在社會化中，隨著年齡的增長，具有多重的身分與地位，也學習或扮演不同的角色，更在無形中引導各種情緒的養成，展現多樣的個性，所以情緒的社會化是真實

存在的。

　　而社會化是文化的一種現象，就像是生活在一起的人對言詞、生活舉止，甚至音樂、戲劇等各方面，有一些約定成俗的生活模式，如有人說：「你很機車！」或是有些人要招計程車，但是卻不舉起手來，而是面對車道，擺出姿態，識相的司機就會把車子停在客人前面，但對於計程車司機而言，心裡會有疑問：「為什麼不招手？」

慚愧帶來壓力

　　以上述招計程車的例子來說，如果一個人站在路口等人，並不要搭車，而計程車靠過去，某人只好搖手示意不是要搭車，司機為什麼會會錯意？而某人為何會讓司機會錯意？那時司機或在等人的人，會不會有不好意思而慚愧？以後司機就會更小心去判斷路人是否要搭車，某人若不搭車，他會變更在路邊的姿勢，以免讓計程車司機誤會。

　　通常，在一些特定的場所中，個人的行為會因為慚愧而有壓力，例如：當電影已經開演，某人被工作人員拿著手電筒帶進戲院時，為了要緊跟前方的光線，又因自己的身體擋住別人的視線，通常都會說對不起，而很容易踏錯步伐而跌倒。學生如果遲到進教室，總是低著頭，最好變成隱形人，不要被同學或老師看見，如果這時候，比較調皮的同學大喊遲到同學的名字，修養好的會快步走到座位，脾氣壞的就會心生怨氣。

　　學生在學校抽菸，一定是偷偷摸摸，因為怕被師長發現，所以都抽得很快，這也是壓力造成的。

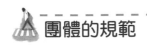 團體的規範

公司或銀行職員穿著制服，除了讓員工有向心力之外，也讓整體形象整齊一致。學生穿著制服，在學校看不出有什麼特殊之處，但走在街道上，如果學生做出嬉鬧的舉動，一旁的路人就會很好奇想知道是哪一所學校的？所以有些學校會在學校周邊部署糾察隊，當學生一到學校附近時，自然就會收斂自己的行為，但身著便服的學生，在公共場所，就會不拘小節的做他們想做的動作或交談。

「上樑不正，下樑歪」，團體的領導者具有示範的作用。因為很多行為規範並沒有明文規定，大部分是按照過去的經驗在執行，如果領導者有很好的舉止行為，則階級較低的人，通常也比較會守規矩。當我們去參加宴會、同學會或是追思會時，都應該穿著得體，總不能在追思會上，穿上大紅色的衣物。

第二節 現代媒體的影響

除了空氣之外，媒體是隨時充滿在我們的四周。媒體的後台是廣告業主，透過媒體的包裝，產品被美化，而消費者會因為轉移的關係，多購買廣告的商品，這些也是運用人類的情緒作用。由於每一個國家都會將本國的藝文活動往外國推廣，或是經由傳播而由其他國家的國民自行欣賞與吸收，再與本地的藝文交流，而衍生出更豐富的文化，例如：英美的搖滾樂、歐

洲文藝復興、埃及古文明等。

科技進步帶給人類多樣的媒體工具,從早期的電報、電話、傳真機、收音機、報紙、雜誌、電視,到現在最新的網路。一般人的生活與工作,都離不開這些媒體帶給我們的資訊,而我們也根據這些新聞、電話、電子郵件等,做為判斷的基本。

現代人已將媒體視為權威,我們從媒體獲得娛樂、訊息與教育,這其中的主要原因是媒體先影響我們的情緒,使我們願意也樂意去接受媒體,因為情緒是了解社會行為和社交行為的基本元素。

人類的右腦專司感受,情緒的功能也由右腦所掌管,尤其是圖像(包括照片、影像聲光等)對情緒的影響最大。所以從電視、電影到電腦動畫,透過網路與電視,時時刻刻都在挑逗人的情緒,其中以廣告和暴力為主要。

我們都知道電視廣告費用相當昂貴,都是以每秒多少錢來計價,為何廠商要花下天文數字的廣告費來打動消費者的心,讓他們擁有物品的美麗幻想,帶給他們愉快的感覺,因而挑起消費者的購買情緒呢?因為消費者會對於常出現在眼前的產品,產生信任感,進而購買物品。兒童與青少年更容易被偶像代言的廣告所影響,偶像廣告什麼產品,他們就喜歡那個產品。青少年看到明星在廣告中抽菸,他們就會覺得抽菸是一件很酷的事;少女看見身材婀娜多姿的模特兒,她們很容易就會以模特兒為榜樣,開始節食減重,因為她們正處於模仿美麗與成功偶像的階段。

媒體也助長了暴力，電影、電視節目及電腦遊戲如果有暴力情節，會影響青少年，增長青少年的暴力傾向與情緒。就曾有少年殺人犯，其自白談及他平時沒有想到要殺人，但一看到暴力凶殘的電影情節，就有殺人的衝動。

有人觀察到此一現象指出，成天看即時新聞的人，得到憂鬱症或自殺的比例較高，這是因為新聞報導殺人、搶劫、災害或戰爭，結果看太多極端負面的畫面，情緒受到負面新聞衝擊過大，日積月累，不生病或厭世也難。

所以對於媒體的接受，應該像節食一樣，只看有益的節目，要做媒體的主人，自己決定看什麼、看多少時間，才可以擁有健全與快樂的情緒。

豐富的聲光與影像

以前，要看電影、聽演唱會、觀賞歌劇、欣賞球賽，都要親臨現場。現在，拜科技之賜，我們用遙控器，在自家客廳觀看這些節目，不論是現場實況轉播，或是播放 VCD/DVD，只要肯花錢，加上電視台願意製播節目，世界上每一角落的任何表演，都可以呈現在我們眼前。

音樂可以帶給我們愉悅或平靜。以前，坐在公車裡，看到乘客看書或報紙；現在，看到乘客戴著耳機聽廣播或音樂。

迅速廣泛的傳播

現在的新聞最講究即時性，所以有了SNG及衛星轉播，世界上發生重大新聞事件，都會有記者在現場做實況轉播。

較新的行動電話都有攝影或照相的功能，再加上行動電話網路的提升，更可以直接由個人的行動電話把最實際真實的現況，傳遞到任何地方。另外，電腦和網際網路，再配合數位照相機與攝影機，可以將身邊的實境傳播到世界各地。

喜愛棒球，可以經由衛星轉播，觀賞美國職棒大聯盟。其他全球的體育活動，如日本的相撲、歐洲的足球、美國的美式足球，還有撞球、排球、乒乓球、網球、F1 賽車等，而 4 年一次的奧林匹克運動會都可以藉由衛星轉播，讓全世界的觀眾可以即時收視。

表演平民化

如果有人想要發表自己的文化創作或音樂、舞蹈，電影等，拜科技之賜，只要有錄音錄影設備，以及電腦和適合的軟體，再經由網際網路的設置，所有的表演或著作，都可以立即在虛擬的網路世界中展現；如果作品很受歡迎，許多入口網站還會有興趣將作品的網址加以聯結，放在首頁上；此時，小小作品也可以替創作者帶來名聲與財富。就算不打算成為明星或作家，仍可將自己的作品與親朋好友互相分享。

第三節　科技與情緒

每一項科技都充實我們的生命，透過全世界的分工合作，豐富我們的人生，但是物資充裕，不代表精神生活完美，我們要充分利用科技之利，讓多采多姿的情緒更美好。網路世界無

所不包，可以讓知識的學習達到無所不學，只怕自己的電腦硬碟容量不夠大、自己的時間不夠多，否則從有人類歷史以來的所有知識，都存在於網路世界之中，而這才真的叫做「秀才不出門，能知天下事」。身處科技世界中的個人，除了工作必備的知識以外，還可以多涉獵其他領域的知識或興趣，擴大自己的視野，加強自己的內涵，絕對有助於自己情緒的培養，與人相處更加游刃有餘。

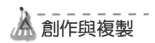
創作與複製

CD 與 MP3 的音樂，哪一個比較傳真？透過先進科技，我們可以欣賞音樂，並且不用帶著很大的黑膠唱片，只需要小小的 MP3 播放器，就可以把整個樂團或交響樂團戴在耳朵上，不僅如此，有了燒錄設備，更可以將音樂或影片複製（但要注意是否侵害著作權）。

唱一首歌、拍一部短片、拍攝風景，可以帶給我們創作的滿足，而複製的方便可以使我們的表演慾獲得滿足，自娛娛人。

零距離

交通工具使得我們彼此之間的距離縮短了，有了無線電與電腦網際網路，更讓地球村的人們達到零距離的境界。不過因為大量依賴電腦與網際網路，在都會區就會產生很多足不出戶的宅男或宅女，這些人悠遊於網路世界中，所有認識的人都只有網路暱稱，可能都沒見過面，雖然是零距離，但是卻是相當

陌生。以前環遊世界要搭船,現在有噴射客機;一艘貨櫃輪船可以載非常多的物品,全世界的產品或食品都可以取得。

「零距離」代表的是,沒有藉口不與別人接觸,而不是躲在螢幕與鍵盤後面,就算不親自碰面,也需要與別人透過網路溝通。

現代醫學

想要擁有漂亮的臉蛋,可以接受整形;睡不著覺,可以吃安眠藥。現代醫學可以延長及維護生命的品質,每一個人從尚未出生到年老,都受到整個醫療體系的照顧。有好的醫療會照顧我們的身體,不過醫學並無法照料我們的情緒與心靈,有健康的身體,比較有健全的思想,更有能力處理情緒問題。

醫學延續人類的生命,讓我們的生涯規劃必須延長至更老的時候,也要做好退休生活的安排,才不會讓讓退休生活內容空洞化。為了在退休之後,擁有無憂無慮的生活,除了必備的財務規劃,也需要有好的情緒智能,而不是經常以輩份或資歷來服人,應該以生命所累積的智慧,拓展自己的視野,配合醫生的指示,將身心都照顧好,則老年生活才會是彩色而不是黑暗的。

測 驗：你容易改善自己的情境嗎？

下面 18 個問題是社會心理學家設計出的 18 種情境，請你仔細研究這些情境，並挑選出你認為最正確的答案。這項測驗比較複雜，請你耐心回答。

【　】1.假使你自願參加由社會心理學家設計的實驗。實驗之前，使一組受試者認為實驗是令人恐懼而感到焦慮，另一組則沒有這種感覺。然後讓他們等待 10 分鐘後再做實驗，那些感到焦慮的受試者將如何行動？

A.他們想單獨在隔壁等候，直到實驗開始。

B.他們想讓另一些也感到焦慮的人陪同等候。

C.他們希望讓沒有焦慮的人陪同等候。

D.不知他們是喜歡單獨等候還是要人陪同等候。

【　】2.美國的一個研究小組調查了一些工人團體，這些團體的領導有的是集權型的，有的是民主型的。社會心理學家想知道：哪種類型的領導更排外？

A.集權型的領導。

B.民主型的領導。

【　】3.美國社會學家在競選期間調查了選民們的態度。他們希望知道：選民對自己的黨和對方的黨，會採取什麼樣的不同行為？

A.對所有政黨的宣傳一視同仁。

B.批駁其他黨派的宣傳。

C.更多地關注自己政黨的宣傳。

【　】4.在同一個人的第一次接觸中，對他的印象極壞，那

　　麼再次接觸後：

A.會改善關係。

B.基本上不會改變關係。

C.會使關係更糟。

【　】5.社會心理學家想知道：最能影響人們態度的手段是

　　什麼？他們用兩種方法來宣傳快速閱讀法的好處：

　　第一種方法是讓受試者先實際參加一堂「快速閱讀

　　法」的教學，然後再向他們宣傳；第二種方法是組

　　織受試者討論快速閱讀的好處。社會心理學家比較

　　這兩種方法的結論，認為：

A.參加聽課的受試者更願意接受快速閱讀法，而採

　　用討論法的一組不大願意接受。

B.採用討論法的一組效果較佳，更願意接受快速閱

　　讀法。

C.沒有發現什麼不同的結果。

【　】6.美國一個研究機構播放同樣的世界新聞錄音。把演

　　講者分別介紹成是：一位教授，一位普通人，一個

　　違法少年。他們之中誰能影響收聽者的態度？

A.教授。

B.普通人。

C.違法少年。

【　】7.一位美國社會科學家，對一組人做了觀察。在玩保

齡球時，一個原來名次最低的成員取得了意想不到的成果，分數竟然超過許多高手。其他人對他的反應是：

A.對該成員給予鼓勵讚揚，提高他在組內的地位。

B.對該成員諷刺、嘲笑，直到他的成績降下來，恢復原來名次。

【　】8.一位美國社會科學家希望了解：心境對樂觀的影響有多大？實驗時，要求受試者描述一幅年輕人開墾沼澤地的圖畫。在催眠狀態下，誘發兩種不同心境：快樂和焦慮。在這兩種心境的影響下，受試者是如何描述那幅圖畫的？

A.快樂心境：「多麼好的一幅圖畫啊！它使人想起夏天。在這兒生活多愜意啊！陽光燦爛，空氣清新！他們在開懇一片處女地。」焦慮心境：「他們在傷害自己啊！年長的應該陪同他們，要不，會出事的！這兒的水多深啊！」。

B.心境對受試者描述圖畫的方法並沒有影響。無論受試者處於哪種心境，都能把圖畫內容客觀地描述出來。

【　】9.有兩位研究者想知道，人們對熟悉的東西更感興趣，還是對陌生的東西更感興趣。於是他們讓剛買了汽車的新車主和幾年前買了同樣型號汽車的老車主都閱讀雜誌上的廣告，問他們誰閱讀該種汽車的

　　廣告多？

　　A.新車主閱讀該種汽車的廣告比其他汽車廣告多
　　　28%，老車主多 40%。

　　B.老車主閱讀該種汽車廣告比其他汽車廣告多
　　　28%，新車主少 4%。

　　C.新車主和老車主閱讀該種汽車廣告均比閱讀其他
　　　汽車廣告少 11%。

【　】10.英國心理學家對青少年進行了這樣一個實驗：把受
　　　　試者分成兩個小組去聽演講。在演講前 10 分鐘，
　　　　第一小組得知演講的內容是：為什麼不允許青少年
　　　　開汽車。第二小組的人不知道演講的內容。哪一組
　　　　人受演講的影響大？

　　　　A.事前知道演講內容的小組受的影響大。

　　　　B.事前不知道演講內容的小組受的影響大。

　　　　C.兩組受的影響一樣大。

【　】11.英國一位社會心理學家，向一組受試者出示畫有人
　　　　臉的圖畫。一些圖畫出示了 20 次，另一些只出示
　　　　了 2 次。觀看者更喜歡哪一種臉譜？

　　　　A.出示次數少的。

　　　　B.出示次數多的。

　　　　C.兩者一樣。

【　】12.一位英國社會心理學家對兒童進行了這樣一個實
　　　　驗：房間裡放了一些非常有趣的玩具。一組兒童被

允許立即進入房間去玩玩具；另一組兒童讓他們等了一段時間後再進房間玩玩具，在等的時候，透過窗子能看到房間裡的情況。哪一組孩子具有更強的破壞性？

A.兩組沒有區別。

B.立即進入房間的那一組。

C.等候一段時間的那一組。

【　】13.美國心理學家弗施巴克（Feshbach）給受試者（一些帶有怒氣，另一些情緒穩定）放一場拳擊比賽的電影和一場沒有打鬥場面的中性電影。看完電影後，哪組受試者表現出較強的攻擊性？

A 看了拳擊賽電影的帶有怒氣之受試者。

B.看了中性電影的帶有怒氣之受試者。

C.看了拳擊賽的情緒穩定之受試者。

D.看了中性電影的情緒穩定的被試者

【　】14.要求受試者說出一種液體是否帶有苦味。事先把一種苦味素放在水裡，有70%的人能嚐出這種苦味，而30%的人卻嚐不出這種苦味。一組受試者有10人，其中有9人嚐不出苦味，而其中1人卻感覺到強烈的苦味。當這個人說出苦味感受時，那另外9個人將做如何反應呢？

A.因為那個人堅持說有苦味，這9個人又喝了一口，立即也覺得有點苦。

B. 9 個人不受那 1 個人的影響。

C. 那個人受那 9 個人的影響，又喝了一口，也覺得沒有苦味。

【　】15. 一組成員處於焦慮狀態，另一組正常。請兩組來評價幾個陌生人的恐懼程度。哪一組人認為陌生人的恐懼程度大些？

A. 兩組沒有區別。

B. 焦慮成員組認為陌生人的恐懼程度大些。

C. 情緒正常組認為陌生人的恐懼程度大些。

【　】16. 一位英國社會心理學家做過這樣一個實驗：在武打電影和音樂電影放映前後，分別對觀眾進行問卷調查，以測定他們攻擊傾向的程度。哪一組表現了最強的攻擊性？

A. 觀看武打片前的觀眾。

B. 觀看武打片後的觀眾。

C. 觀看音樂片前的觀眾。

D. 觀看音樂片後的觀眾。

E. 攻擊性沒有變化。

【　】17. 美國社會科學家請一組小學生、一組中學生、一組成人（文化程度相同）來評論一篇文章。相隔 4 周以後，又讓這三組人來評論同一篇文章，不過這次附加了這樣的解釋說明：「其他組的大多數人不同意你的看法。」這個附加的解釋說明有什麼影響？

A. 小學生組的 64%、中學生組的 55%、成人組的

40%改變了他們的看法。

B.成人組的 64%、中學生組的 55%、小學生組的 40%改變了他們的看法。

C.這些組沒有什麼不同。

【 】18.社會科學家哈拉（Hallar）希望了解，是沉默的人，還是活躍的人，容易受團體意見的影響？

A.沉默的人易受團體意見的影響。

B.活躍的人易受團體意見的影響。

C.兩者在受團體意見影響方面沒有差異。

◎正確答案：

1.B	2.A	3.C	4.B	5.B	6.A
7.B	8.A	9.A	10.B	11.B	12.C
13.B	14.A	15.B	16.B	17.A	18.B

◎評分規則：

根據正確答案，每答對一題記 1 分，相加後統計總分。再根據你的總分和年齡，查看下表，就可以知道你的改善情境能力了。

◎你的總分：

◎分析說明：

第一行是年齡組；第二行以下為獲得之成績以及改善情境的能力

年齡：14～16歲　17～21歲　22～30歲　30歲以上

成績：12～18分　14～18分　17～18分　15～18分　非常強

　　　10～11分　12～13分　15～16分　13～14分　強

　　　8～9分　10～11分　11～14分　9～12分　中間偏強

　　　6～7分　6～9分　9～10分　7～8分　中間偏弱

　　　0～5分　0～5分　0～8分　0～6分　弱

測 驗：你能夠接受自己的情緒嗎？

請你對下列30個題目，作出「是」或「否」的回答。

□是　□否　1.你是否認為：別人沒有理由討厭你？

□是　□否　2.在社交場合上，你十分害羞又有神經質嗎？

□是　□否　3.你覺得自己是個有用或有價值的人嗎？

□是　□否　4.你是否覺得自己總是不如他人？

□是　□否　5.你對自己的容貌不滿意嗎？

□是　□否　6.你討厭看到自己的照片嗎？

□是　□否　7.你認為自己的脾氣不好嗎？

□是　□否　8.你經常幻想自己有更多的天賦和才能嗎？

□是　□否　9.你對自己的身材滿意嗎？

□是　□否　10.你常常擔心自己的健康嗎？

□是　□否　11.你常常生自己的氣嗎？

□是　□否　12.你有時會有自我厭惡感嗎？

□是　□否　13.與朋友在一起時，你是否會沉默，因為害怕

說錯話會被別人批評或取笑？

□是 □否 14.每當你發現別人在某一方面比你出色時，你就會產生某種強烈的失望情緒嗎？

□是 □否 15.你認為今後能成為一個好大夫（對男性而言）或好妻子（對女性而言）嗎？

□是 □否 16.你經常害怕別人知道你的真實想法嗎？

□是 □否 17.你覺得你在不少事情上對不起你的家人嗎？

□是 □否 18.你是否不喜歡自己的個性特點？

□是 □否 19.你認為自己笨嗎？

□是 □否 20.當你受挫折後，總是長時間沉浸在自責中嗎？

□是 □否 21.你相信自己能成為一個對社會有用的人嗎？

□是 □否 22.你常常在發火後感到十分後悔嗎？

□是 □否 23.你覺得自己的存在對家人是有價值的嗎？

□是 □否 24.你覺得自己是一個運氣不好的倒霉蛋嗎？

□是 □否 25.你不願意去思考自己的前途嗎？

□是 □否 26.你是否對同學（同事）們對待你的態度感到不滿？

□是 □否 27.你是否想過最好能換一所學校（工作）？

□是 □否 28.你非常羨慕別的同學的家庭嗎？

□是 □否 29.你是否想過，有可能的話真希望可以重新選擇自己的出身？

□是 □否 30.你覺得老師（老闆）沒有公正地對待你嗎？

情緒 管理

◎評分規則：

第 1、3、9、15、21、23 題答「是」記 0 分，答「否」得 1 分。其餘各題答「是」得 1 分，答「否」記 0 分。各題得分相加，統計總分。

◎你的總分：

◎分析說明：

0～9 分 ：你能悅納自己，能以飽滿的精神狀態，自信地迎接生活中的各種挑戰。不過假如你的得分接近 0 分的話，我們可得提醒你注意防止自負滋長，因為你的自我感覺太好了。

10～20 分：你能接受自我，但對自己的某些方面不甚滿意。

21～30 分：你對真實的自我抱著拒絕的態度。你認為自己這也不行、那也不好，看不起自己，不喜歡自己，對自己與他人之間的關係不滿。這樣一種自我意識使得你成天不是自怨就是怨人，心裡感到苦悶憂鬱。

測 驗：你願意相信他人嗎？

請對下列題目，作出「是」或「否」的回答。

□是　□否　1.儘管時間在不停地流逝，未來誰也無法把
　　　　　　　握，但我相信無論發生什麼事情，我的同伴
　　　　　　　都會給我力量。

□是　□否　2.我對同伴的行為方式十分熟悉，他／她做事
　　　　　　　總會有一定的規矩可循。

□是　□否　3.有時我很難絕對肯定同伴會一直照顧我，未
　　　　　　　來太不可確定了，隨著時間的流逝，我們的
　　　　　　　關係會發生很大的變化。

□是　□否　4.我知道同伴將怎樣做，他／她行事總是不出
　　　　　　　我所料。

□是　□否　5.事實證明我的同伴過去並非總是值得信任，
　　　　　　　有幾次我曾猶豫是否讓其參加容易暴露我弱
　　　　　　　點的活動。

□是　□否　6.我同伴的行為變化莫測，我總是無法預料下
　　　　　　　一次他／她又會做出什麼令我吃驚的事。

□是　□否　7.我的同伴是個十分誠實的人，即便他／她說
　　　　　　　出令人無法相信的話，別人也會相信他／她
　　　　　　　說的是事實。

□是　□否　8.我的同伴讓人不易捉摸，人們有時無法確定
　　　　　　　他／她將如何行事。

□是　□否　9.我的同伴行為具有連貫性。

□是　□否　10.我從不認為無法預測的衝突和嚴重的緊張會
　　　　　　　損害我們之間的關係，因為我們的關係能經
　　　　　　　得住任何暴風驟雨的考驗。

□是　□否　11.我發現同伴是個完全可以依靠的人，尤其在
　　　　　　　遇到重大事件時。

□是　□否　12.如果以前我從未與同伴共同面臨某一特殊問
　　　　　　　題，我也許會擔心他／她可能會不顧及我的
　　　　　　　感情。

□是　□否　13.即使在熟悉的場合，我也不能完全肯定同伴
　　　　　　　會重複上一次的行為方式。

□是　□否　14.面臨未知的新環境，我感到十分安全，因為
　　　　　　　我知道同伴是絕不會讓我吃虧的。

□是　□否　15.我的同伴並不一定是可以讓人信賴的人，我
　　　　　　　能想起他／她好幾次不可信賴的行為。

□是　□否　16.想到我在兩人關係上的感情投入，我偶爾會
　　　　　　　感到不舒服，因為我很難對未來完全放心。

□是　□否　17.根據過去的經驗，我無法完全信賴同伴對我
　　　　　　　的承諾。

□是　□否　18.我的同伴已被證明是一個可以信賴的人，無
　　　　　　　論他／她與誰結婚也決不會做出不忠的事。

◎正確答案：

1.是	2.是	3.否	4.是	5.否	6.否	7.是	8.否	9.是
10.是	11.是	12.否	13.否	14.是	15.否	16.否	17.否	18.是

◎評分規則：

每答對一題記 1 分，答錯記 0 分，得分相加，算出總分。

◎你的總分：

◎分析說明：

總分愈高表示信任度愈高。其中第 2、4、6、8、9、13 題表示對同伴行為的預測性程度；第 5 題表明對同伴的依靠程度；第 1、3、10、12、14、16 題表示對同伴的信賴程度。

第三部分

在情緒中生活

情緒管理

第九章

加強個人的情緒操練

　　出生後的嬰兒還不懂得自己的存在，把自己看成像爸爸或媽媽一樣的客體。到了2、3歲之後才開始會用「我」來代表自己，這一時期被心理學稱為「第一自我發現期」。到了從兒童走向成人的青春期，青少年開始對自己本身發生了濃厚的興趣，他們經常問自己到底是怎樣的一個人？對自己的認識進入了「肯定」與「否定」交織在一起的矛盾期。所以青春期又被稱為「第二自我發現期」。

　　處於心理成熟過渡期的青少年一會兒覺得自己了不起、一切都好，一會兒卻覺得自己很差勁、什麼都不好，處於不能清晰認識自己的苦惱之中，而最主要的傾向是「自我擴大」與「自我萎縮」或兩者交替出現。這是正常的現象，是自我確立、自我認同的必經之路。

　　由此，青少年的情緒從動盪、不平衡中走向平穩，最後能較客觀地認識自己，承認自我存在哪些優點和缺點，從而標誌著自我認同、人格的成熟。那麼，青少年應從哪些方面自我操練以了解自我呢？

　　青少年或許可以透過處世方法、感情方式等方面的操練，在與同伴的比較中，找出自己的位置。這種比較雖然常帶有主觀色彩，但卻是認識自己的常用方法，例如：你發現全班同學都喜歡接近某人而疏遠自己，透過仔細觀察，你發現某人為人熱情肯幫助人，而自己常常我行我素，從不主動和同學接觸，也不願助人。從比較中，你會發現自己的人格特點。

　　不過，在比較時，對象的選擇很重要。過於自信的人常找不如自己的人做比較，很容易自我被擴大，表現虛榮心強、自滿和自我陶醉的心態。這類人喜歡炫耀自己，譁眾取寵，行為膚淺，極度喜歡時髦的服裝。自我的擴大，形成自我與客觀評價的反差，一旦受到攻擊，就會變得敏感、脆弱和神經質。而自卑的人又常以自己的缺陷與人比較，把自己看得比實際的低，認為自己「無用」。這種自我萎縮，還會向人反覆強調自己的不足，不能對自己的不努力負責任。這種自我憐憫對人的心理有很大傷害，所以要尋找各方面都與自己相近的人比較，尤其是環境和心理條件的相近，這樣才符合自己的實際水準，才能找到自己在群體中較準確的位置。

　　自省是一種體驗上的操練。青年期正處於在自我反思、自我檢查中脫離舊我，並認識新我的過程。對自己的變化，對重大經歷中所得到的經驗和教訓進行有系統的檢查，可以發現自己的個性、能力，從而發現自己身上的長處、短處，促使自己認識真實的自我，並朝那個方向發展。例如：在學校和校際舉辦的幾次大型理科競賽中，自己都拿了獎，而文科考試的各項成績總不理想，經過一番自省，發現自己可以從理科方面發

展。

雖然說：「走自己的路，讓別人去說吧！」但青年心中最關心的還是別人怎樣看自己，怎樣評價自己，他人評價比主觀自省具有更大的客觀性。如果自我評價與周圍人的評價有較大的相似性，則表示你的自我認識能力較成熟，也會給你帶來情緒上的穩定。

如果客觀評價與你自己評定相差過大，則表示你在自我認知上有偏差，需要調整。當然對待別人的評價，也不能全盤接受，因為人的心理需求不同，往往只注意事物的某個表面，所以要好話壞話全面聽取後，客觀地加以分析。對於缺點要確實檢討改正，對於優點繼續發揚就行了。

成功和挫折最能反映個人性格或能力上的許多特點，青年人可以通過總結成功與失敗的經驗教訓來發現個人的特點。從這個意義上講，我們要感謝挫折，因為「失敗是成功之母」，挫折是一種內驅力，不但能推動個人為實現目標而做出更大的努力，並且能提高個人的認識水準。面對挫折與失敗，往往要吸取教訓，改變策略，最終實現目標，所謂「吃一虧，長一智」，就是這個意思。

第一節 區別信任與相信

從情緒觀點看，信任有別於相信：相信是一個判斷，你可以相信某人能夠完成分派給他的任務，因為你知道他具有完成這種任務的能力；信任則是一種感情，你可以因為信任某人，

所以跟他分享個人的祕密。儘管信任和相信密切相關，但信任比相信更為重要。

信任靠的是感情，相信靠的是智力。信任對於群體就像健康對於人體一樣重要；只有信任，群體的功能才能得到正常發揮，認為別人值得信任，才會信任他們；反之，就會不信任。如果你對某人產生了不信任感，你會在不知不覺中把這種情緒表現出來。當對方覺察到你不信任他時，對方往往會心懷敵意，對你也開始不信任了。反過來說，如果他人體察到你的信任，也會透過行動，證明自己無愧於這種信任。下面是建立彼此信任的一些方法。

如果你缺乏自信心，就難以信任他人。不自信的人，常常個性軟弱，遇事一味地讓步，不敢與任何人爭吵，往往是忍氣吞聲地做人。儘管你有才華，但由於你不善於處理拒絕、憤怒、批評、親密、溫柔等感情關係，從而阻礙了你走向成功。因為你觀念上混淆了許多東西，分不清自信與盛氣凌人，分不清虛心與自我保護，甚至將暗自忍讓作為一種美德。

另一種人害怕與他人在交往中吃虧，採取拒人於千里之外的態度，他們可能不信任任何人，甚至把好人也當作壞人。還有一種人，為了掩飾自己缺乏自信的內心，漠視他人，總認為自己有理，一味地將自己的意志強加於人。為了保護自己的利益而不理會別人的感受和需要，結果傷害了別人的利益。

擁有自信

一個擁有真正自信的人，總是既不軟弱，又不專橫跋扈。

想培養自信，首先要對自己有一個全面、客觀的認識，了解自己的個性風格，了解自己的能力極限，能正確評價自己的優缺點；其次，要敢於負責，自己能做的事絕不依賴他人。如果你做事從來沒有自己拿過主意，你就永遠不會相信自己有能力這樣做。遇到一些無關大局之事，如買一件衣服或參加一個音樂會，有時你可以根據自己的心理衝動行事，以此培養自己的主見。最後，你可以為自己樹立一個理想形象。

理想的形象可以是具體的人，也可以是想像中的樣子；可以是歷史上的古人，也可以是現實身邊的人。然後你把這個對象分析出他的性格、愛好、品格、舉止等幾個部分，仔細分析各個小項的具體特徵，這樣你就可以在生活的各個方面模仿「理想形象」的各個層面。只要堅持不懈，行為變化後，心境也會跟著變，會由好哭變得愛笑，膽怯變得勇敢等，都是可以做到的。

為了增強你對他人的信任，你應該多了解他人，包括他人的身世、經歷和興趣愛好。對他人了解得愈多，愈容易增強信任感和同情感。世界上找不出兩片完全相同的樹葉，也找不出兩個完全一樣的人。你與他人相處時，應該有能夠容忍他人缺點和短處的肚量，抱持寬忍和靈活的態度，懷著求大同、存小異的原則。唯有如此，你才能與他人和睦相處。

另外，對待他人要真誠。如果只關心自己，不顧他人的利益和需要，處處以獲得自己的利益和好處為前提和他人交往，勢必會傷害到他人利益，破壞彼此的信任。懷有敵對的情緒與猜疑性格的人，以及懷有偏激情緒的人，往往容易與他人的關

係陷入僵局，亦不受人接納。再者，要努力擴大自己的興趣，俗語講「見多識廣，見怪不怪」，你的知識面愈廣，就愈能與他人有共同的興趣；你的性格愈有彈性，就愈容易理解和信任他人。

最後，不要把他人分類排隊。因為人都會改變的，不要把別人看扁，更不能亂扣「帽子」，否則可能會引起更多矛盾。當然，信任一個人意味著要承擔失望之風險，認識並敢於承擔這種風險，你就會從中受益。

你愈信任對方，對方就愈容易信任你，反之亦然。有了相互信任，大家才能以誠相見，就會解除因不信任產生的戒心。增加他人對你的信任，首先，要放下架子，不能自以為是，瞧不起他人，要盡可能地創造一種平等的氣氛；其次，要敢於表達自己的感情，不掩蓋自己的喜怒哀樂，這樣，別人就會覺得你很坦誠，富有人情味，別人對你的同情也會增進對你的信任；最後，要敢於承擔責任，不要總是抱怨，也不要一出現不如意的事，就歸咎於他人。

一個不被他人相信的人，其缺點包括：第一，是盛氣凌人、獨斷專橫，總喜歡發號施令而不考慮他人的需要和感受。同時也不守諾言，答應的事從來不按時完成，或者做決定時模稜兩可，都會給人留下不可靠的印象；第二，是強詞奪理，不願承認自己的過錯，企圖掩蓋錯誤或將錯誤歸咎於他人。當你錯了的時候，承認自己錯了比為自己辯護更好一些，你的誠實和坦率也會換來他人的誠實和坦率；第三，是消極地評估他人，總不相信別人也可以做好。我們只有跨越這三大缺點的障

礙，才能獲得相互的信任和友誼。

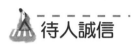 待人誠信

人獨立不代表真正的成功，圓滿人生還必須追求人際關係的成功。不過，群體的互賴關係必須以個人真正的獨立為前提條件，想要抄近路是絕對辦不到的。

在一次俄勒岡州沿岸主持的研討會上，有位男士向麥考梅克（McMaker）抱怨：「實在不想來參加這種研討會！」這句話立刻引起麥考梅克的注意。

他接著說：「看看其他人，個個都頗有所獲，這兒的海灘美景又是那麼迷人。而我，卻只能坐在這兒，為內人今晚的查勤發愁。」「每次出遠門，不論在哪裡，她的電話一定緊追不捨，在哪兒吃早餐？有沒有碰上熟人？幾時用午餐？吃了些什麼？下午怎麼過的？晚上有什麼餘興節目……。」「把我從早到晚的一舉一動都打聽得清清楚楚，恨不得找個目擊證人查證一番。害得我每次參加這種活動，心理負擔都很重，哪有心思在正事上。」

看起來，他的確很痛苦。他們繼續交談了一會兒，忽然有句話又引起了麥考梅克的注意。他略顯靦腆的說：「她其實很了解，我就是在一個類似的研討會上遇見她的……當時我已經有家室了！」

麥考梅克玩味這句話的涵義，然後說：「你是那種追求速效的人，對不對？」

「此話怎講？」

「你希望奇蹟出現，只要一把螺絲起子，把尊夫人的腦打開，改寫一下程序，好讓她立刻脫胎換骨，對不對？」

「當然啦，我巴不得她能夠改變作風，我實在被她煩得受不了。」

麥考梅克說：「老兄，解決問題不能光用嘴說，還得以身作則來感動別人。」

毫無疑問這是一個很重要的觀念——良好人際關係的基礎是自制與自知之明。有人說，愛人之前，必須先愛自己，此言果然不假，但是更強調人貴知己，了解自我才懂得分寸，也才能真正愛護自己。

所以說，獨立是互賴的基礎。缺乏獨立人格，卻一味玩弄人際關係的技巧，縱使得逞於一時，也不過是運氣罷了。處順境之中，還可任你為所欲為。但天有不測風雲，一旦面臨逆境，技巧便不足恃了。維繫人與人之間的情誼，最要緊的不在於言語或行為，而生於本性。言不由衷、虛偽造作的表面功夫很快就會被識破，如此將何以建立圓滿的人際關係？

由此可見，修身是人際關係成功的基礎。完成修身的功夫後，再向前看，面前又是一片嶄新的領域。良好的人際關係可使人享有深厚豐富的情感交流，以及為社會服務奉獻的機會。不過，這也是最容易帶來痛苦與挫折，橫在眼前的障礙紛至沓來，令人疲於應付。個人生活的得失，比如糊裡糊塗、漫無目標，使你於心難安，而思有所振作，但很快就會習以為常、視若無睹了。

人際關係的挫折就不是如此單純。它所帶來的痛苦，往往

十分劇烈，令人無法遁形。無怪乎各種標榜速效的人際關係成功術，盛行一時，強調表面功夫的權術只能治標，不能治本。人際關係的得失其實取決於更深一層的因素，捨本逐末將適得其反。

這裡用「鵝生金蛋」的比喻來說明非常恰當。鵝——良好的人際關係，會生出完美的金蛋——團體合作、開誠布公、積極互助以及高效率。為使鵝能夠不斷生金蛋，就得悉心呵護，這裡所說的，正是這個道理。

第二節 建立情感獲得信任

獲得信賴

眾所周知，在銀行裡開個戶頭，就可儲蓄以備不時之需的帳款；而感情帳戶儲存的是增進人際關係不可缺少的「信賴」，也就是他人與你相處時的一份「安全感」。

能夠增加感情帳戶存款的，是禮貌、誠實、仁慈與信用。這使別人對你更加信賴，必要時能發揮相當作用，甚至犯了錯也可用這筆儲蓄來彌補。有了信賴，即使拙於言辭，也不致開罪於人，因為對方不會誤解你的用意。所以信賴可帶來輕鬆、直接且有效的溝通。

反之，粗魯、輕蔑、威逼與失信等等，都會降低感情帳戶的餘額，到最後甚至透支，人際關係就得拉警報了。這就仿佛走在滿布地雷的戰場上，一舉一動都要步步為營；為求自保，

不得不玩弄手腕權術，以致人人精神緊張，許多家庭、團體都充斥著這種現象。

人類最親密的婚姻關係又何嘗不是如此。儘管一開始結合是在互相信賴的基礎上，倘若不繼續儲蓄，仍有關係惡化的危險。雖然有的能繼續維持關係，但如不進行感情儲蓄，則會導致互相猜忌，甚至勞燕分飛。

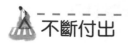 不斷付出

愈是持久的關係，愈需要不斷地儲蓄。由於彼此都有所期待，原有的信賴很容易枯竭。你是否有過這種經驗：偶然與老同學相遇，即使多年未見，仍可立刻重拾往日友誼，毫無生疏之感，那是因為過去累積的感情仍在；但經常接觸的人就必須時時投資，否則突然間發生變化，會令人措手不及。

這種情形在青春期子女身上尤其明顯。父母與子女交談的內容一般不外乎：維持整潔、用功讀書、把電視音量關小一點、別忘了倒垃圾等等，但這樣一來，父母親的感情帳戶很快就會透支。

孩子一旦面臨一生中最重大的抉擇，由於對父母極不信任，溝通的管道又不暢通，保證他絕不願徵求父母的意見。縱使父母的閱歷足以提供更好的建議，他也寧可自作主張，或找同儕朋友求助。

所以為人父母者，何不就從現在起，對子女多表達一份關懷。比方買一本他最想要的書，協助他做功課、整理內務。最重要的是，不要只顧教訓、責罵，要善於聆聽孩子的心聲，讓

他感覺父母是真心關懷他，把他當做一個獨立的人看待。

　　或許，態度突然變得親切，會使孩子起疑：「爸的目的何在？媽想在我身上套用什麼技巧？」但其實，只要不斷付出，感情帳戶的存款自然會增加，透支自然會減少，父母與子女間的關係也會自然而然改善。這需要時間與耐心，別指望速效而輕言退縮，更不可埋怨子女不知感恩圖報，否則連過去的心血也將付諸流水。

　　情感絕不是短暫的時間就可建立的，例如：丈夫在每年的結婚紀念日，都記得買禮物或帶太太去餐廳吃飯，但只要一次忘記，就算不拘小節的太太，在多年以後，仍不會忘記先生在哪一年的結婚紀念日忘記慶祝或忘記買禮物送她。

第三節　存入感情的款項

　　如果要避免你的感情戶頭成為「透支」的帳戶，建議在你的感情帳戶裡，至少需要存入下列 7 種情感存款。

盡力了解別人

　　認識別人是一切感情的基礎。每一個人各有所好，同一種行為，施行於某甲身上或許能增進感情，但換了某乙，效果便可能完全相反。因此唯有了解並真心接納對方的好惡，才可增進彼此的關係。比方說，6 歲的孩子趁你正忙的時候，為一件小事來煩你；在你看來這事或許微不足道，但在他小小心靈中，卻是天下第一要事。此時你就得認同他的觀念與價值，以

對方的需要為優先考量而加以配合。

　　一個男孩對棒球幾近於癡迷，但他父親卻絲毫不感興趣。有一年暑假，父親居然帶著兒子看遍每個主要球隊的比賽，總共花去 6 個星期的時間與不少金錢，但對增進父子親情的助益卻無法估量。

　　有人問他：「你真那麼愛棒球嗎？」

　　父親答：「不，我只是那麼愛我的孩子。」

　　一位大學教授，專心致志於學術研究，對不肯用腦、只愛動手的兒子，總斥為浪費生命。可想而知，父子的關係有多麼惡劣。偶爾他也會良心發現，想要挽回孩子的心，可惜從未成功。10 幾歲的兒子則認為，父親時時刻刻不忘批評他，把他與別人相比，卻從未真正接納他。即使父親向他示好，也會被曲解。到後來，他父親的心簡直碎了。

　　幸好有一天，他聽人談起「視人之事如己之事」的觀念，他牢記在心。回到家，就設法說服兒子，一同動手把住宅四周的圍牆改建成萬里長城的式樣。這件大工程持續了 1 年半之久，他們父子終於有長期相處的經驗。兒子在耳濡目染下，也養成與父親一樣愛好動腦的習慣。不過，他倆真正的收穫還在於鞏固了父子真情。

　　一般人總習慣於以己之心，度他人之腹，以為自己的需要與好惡，別人也會有同感。待人處事若以此為出發點，一旦得不到良好的回應，便武斷地認為是對方不知好歹，而吝於再付出。所謂「己所不欲，勿施於人」，從表面上看來，似乎是說，己所欲便要施於人。這句話的真諦在於：「若欲為人所了

解，就得先了解別人。」

注意小細節

一些看似無關緊要的小細節，如疏忽禮貌、不經意的失言，其實最會消耗感情帳戶的存款。在人際關係中，最重要的正是這些小事。

多年前的一天，麥考梅克像往常一樣，帶著兩個兒子出門看運動比賽、吃點心，然後趕一場電影。結果電影看到一半，4歲的小兒子西恩（Sean）就睡著了。散場以後，麥考梅克把他抱到車上。當晚天氣很冷，麥考梅克脫下外套給他蓋上，然後打道回府。

回到家，把西恩送上床，他又照顧6歲的史蒂芬（Steven）準備就寢。當他上床以後，躺在兒子身邊，這時候父子倆該聊當晚的趣事了。平常兒子總是興高采烈的忙著發表意見，那天卻顯得異常安靜，沒什麼反應。麥考梅克很失望，也覺得有點不對勁。突然史蒂芬偏過頭去對著牆，他翻身一看，才發現史蒂芬眼中噙著淚水。

麥考梅克問：「怎麼啦，孩子，有什麼不對嗎？」

史蒂芬轉過頭來，有點不好意思的問：「爸，如果我也覺得冷，你會不會也脫下外套披在我身上？」

原來，那一晚所有的趣事都比不上這一個小小動作，他居然吃起弟弟的醋來了。然而，這對麥考梅克卻是一個很大的教訓，至今難忘。原來，人的內心是如此敏感、脆弱。不分男女老少，不分貧窮富貴，即使外表再堅強，內心仍有著細膩脆弱

的情感。

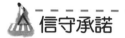
信守承諾

守信是一大筆收入，背信則是龐大支出，代價往往超出其它任何過失。一次嚴重的失信會使人信譽掃地，再難建立起良好的人際關係。因此，為人父母與師長者，應要求自己絕不輕易對子女或學生許諾；即使不得不如此，事先一定要考慮所有可以發生的變化與狀況，避免食言。唯有守信，才能贏得子女與學生的信賴；唯有信賴，才能讓子女或學生在關鍵時刻聽從你的意見。

當然，偶爾也會有人力無法控制的意外發生。不過就算客觀環境不允許，你仍應盡力實踐諾言，知其不可而為之，因為你重視諾言。否則你也應詳細說明原委，請對方讓你收回承諾。

表達期望

幾乎所有人際關係的問題，都源於彼此對角色與目標的認識不清，甚至相衝突所致。所以，不論在辦公室交代工作，或在家中分配子女家務，都是愈明確愈好，以免產生誤會、失望與猜忌。

對切身相關的人，你總會有所期待，卻誤以為不必明白相告。以婚姻為例，夫妻雙方都期盼對方扮演某些角色，卻不開誠布公的討論，有些人甚至連自己懷抱著哪些期望都不清楚。對方若不負所望，婚姻關係自然美滿，反之則否。

這種心理導致太多問題。你總認為，關係既然如此密切就應有默契。殊不知，其實不然。因此，寧可慎乎始，在關係開始之初，就明確了解彼此的期待，哪怕需要投入較多時間與精力，但是卻能省去日後不少麻煩，這是一種必要的儲蓄。否則，單純的誤會可能一發不可收拾，斷絕了溝通的管道。

　　坦誠相待有時需要相當大的勇氣，逃避問題、但願船到橋頭自然直，反倒來得輕鬆。但就長遠看，慎乎始總勝過事後懊悔莫及。

力求誠懇與正直

　　誠懇正直可贏得信任，是一項重要存款。反之，已有的建樹也會因為行為不檢而被抹殺。一個人儘管善解人意，不忽視小節、守信，又不負期望；可是行為不誠懇，就足以使感情帳戶出現赤字。

　　背後不道短，是誠懇正直的最佳表現。在人後依然保持尊重之心，可以贏得信任。假定你有與同學或同事在背後抨擊老師或上司的習慣，一旦彼此關係破裂，對方難道不會懷疑，你也會在他背後說長道短嗎？你在人前甜言蜜語、人後大加撻伐的習慣，他知之甚詳，如此行為能獲得信任嗎？

　　因此，如果有人向你發牢騷，對上司不滿；你應該告訴他，基本上你同意他的看法，但你建議一同去找主管，委婉地把問題說明白。這麼做，對方便了解，若有人在你面前批評他，你會有什麼反應。

　　再舉個例子來說，有些人為了爭取友誼、不惜揭第三者之

短：「我本來不該告訴你的，可是既然你我是好友，那……」背叛能夠應得信任嗎？還是會引起戒心？此等言行表面上看起來仿佛是儲蓄，但事實上卻是支出，個人的缺點因此暴露無遺。

誠懇正直其實並不難做到，只要對所有人抱持相同原則，一視同仁即可。縱使起初並非人人都能接受這種作風，因為在人後閒言閒語，是人的通病；不同流合污，反而顯得格格不入。好在路遙知馬力，日久見人心，誠懇坦蕩終會贏得信任。

因此，請避免矯飾、欺騙、表裡不一，作個童叟無欺的人吧！

勇於表示道歉

向感情銀行提款時，應勇於道歉。發乎至誠的歉意足以化敵為友，例如：

「是我不對。」

「我對你不夠尊重，十分抱歉。」

「在別人面前令你下不了台，雖然是無心之過，可是也不應該，我向你道歉。」

這種勇氣並非人人具備，只有堅定自持、深具安全感的人能夠如此。缺乏自信的人唯恐道歉會顯得軟弱，讓自己受傷害，使別人得寸進尺，還不如把過錯歸咎於人，反而更容易些。因此，有句名言說：「弱者才會殘忍，唯強者懂得溫柔。」

由衷的歉意是正數，但習以為常就被視為言不由衷，變成負數。一般人可以容忍錯誤，因為錯誤通常是無心之過，但動機不良，或企圖文過飾非，就不會獲得寬恕。

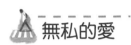

無私的愛

無私的愛可以給予人安全感與自信心，鼓勵個人肯定自我、追求成長。由於不附帶任何條件，沒有任何牽絆，被愛者得以用自己的方式，體驗人生種種美好的境界，從而激發出更大的潛能。不過，無條件的付出並不代表軟弱，你依然有原則、有限度、有是非觀念，只是無損於愛心。

有條件的愛，往往會引起被愛者的反抗心理，為證明自己的獨立，不惜為反對而反對。其實這種行為更顯示出不成熟的心理，表示你仍受制於人。有句話說的好：「以敵人為生活重心，乃是生活在對方的陰影下。」

有一所名校的校長為了使兒子也能擠進這所學校，費了九牛二虎之力，沒想到兒子居然拒讀，真令他傷心不已。

就讀名校對兒子的前途大有助益，更何況那已成為家族傳統，這位名校校長的家人連續三代都是該校校友。可想而知，這位父親必定想盡力挽回兒子的心意，可是孩子卻反駁，他不願為父親讀書。但是，在父親心目中，進入名校比兒子更重要，這種愛是有條件的。而為了維護自己，兒子必然反抗這種安排。

幸好，這位校長最後想通了。明知孩子可能違背他的意願，仍與妻子約定無條件放手，不論兒子做何抉擇，都支持到

底。即使多年心血可能白費，卻也割捨得下，這種品格的確相當偉大。他們向孩子說明，一切由他決定，父母絕不干預，而且絕非故作開明。

沒想到，去除了父母的壓力，孩子反而切實反省；發現自己其實也希望好好求學，於是仍決定申請那所學校。聽到這個消息，這位校長自然十分欣喜，倒不是因為兒子最後的決定與他不謀而合，而是身為父母，當然會為子女肯上進感到欣慰，這才是無條件的愛。

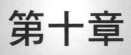

第十章

改善情緒的溝通能力

什麼叫做溝通？

《韋氏新世界英語詞典》關於「溝通」一詞的定義是：「透過談話、手勢或文字給予或交換訊息、信號或口信。」

這個定義把「溝通」的特點說成單方面的行動。事實並非如此，溝通不僅僅是發出信號，而是兩個人之間的相互交流。要使溝通順利進行，雙方都要不停地發出和接收口頭或非口頭的訊息。最成功的溝通會達到一個完全不同的境界，其中一方能體會到另一方當時的感覺，並接受這種感覺。下面的例子說明了，溝通如果不是在兩個人之間進行的話，情況會怎樣。

在美國貝爾電話實驗室，有個科學家進行通訊試驗，他找來一些人分成 3 組。每組裡的人由他指定 2 個 2 個地傳遞訊息。每兩個人得到一套骨牌，其中 A 的骨牌很有規律地排列，B 的骨牌則是亂的。現在要求 A 告訴 B 怎麼把他手中的骨牌排成像 A 手中骨牌的順序。但每一組都有若干限制條件。

第一組：每兩人小組中的 A 可以對 B 說話，但 B 不許回

答。實驗結束時，小組中的 B 無一人把排列順序做對。

第二組：A 可以對 B 說話，但 B 也不能跟 A 說話，但可以按電鈴示意 A 重複他的指示。實驗結束時，有些小組的 B 把順序做對了。

第三組：各小組的 A、B 可以自由交談。實驗結束時，每個 B 都把順序做對了。

每當兩個人試圖交流時，一連串事情就會發生。下面是人們說話時可能向對方送出的幾個訊息：

1. 說話的人想說什麼？

2. 說話的人實際上說了什麼？

3. 照對方理解，說話的人說的是什麼？

4. 聽話的人想聽到什麼？

5. 聽話的人實際上聽到什麼？

人們所說的每一個句子或每組句子都會有上述的可能性，因此誤解的可能性是很大的。更有趣的是，聽話的人同時也向說話的人回送口頭或非口頭的訊息，這些訊息同樣可能會被理解、誤解或沒有被注意到。這個過程可能是極為複雜的。

猶利西斯・辛普森・格蘭特（Ulysses Simpson Grant）將軍後來當上美國總統，他深知試圖與人溝通往往會被誤解。他的辦公室外面總是有一名頭腦特別簡單的士兵值班，每當他要發布命令時，他會先向這個士兵宣讀，如果這個士兵聽懂了，他的命令就照發。如果這名士兵聽不懂，他就回辦公室把命令修改得簡單些、清楚些。

你不擁有這項基本技巧就不可能獲得事業上的成功，這項

基本技巧就是溝通力。你可能擁有自愛因斯坦（Albert Einstein）以來最好用的腦子和歷史上最偉大的思想，但如果你不能把自己頭腦裡的觀點轉移到別人的頭腦裡，你就不能成功。這是為什麼呢？

主要的原因僅僅是：不管你有多好的觀點，除非你把它們傳達給人們，不然它們仍然是你的觀點，而且只是你個人的觀點。要想讓你的思想有價值，你就必須把它們溝通給別人，然而別忘記，雙方都是具有豐富情感的個人。

因此，在人與人之間的關係上，沒有什麼比溝通更重要的了。在你的一生中，你每天要溝通各種不同的東西：思想、觀點、希望、感情、需要等。把它做好，你的生活會更豐富、更有意義而不那麼複雜；做得不好，你的日子就只有在別人誤解、灰心喪氣、虛度光陰、向人解釋和被人疏遠中度過。

在事業中溝通能力太差，你就可能成為失敗者，或者至少不能挖掘自己的潛能。學會熟練地溝通，你就已經跳上了成功之路。

在辦公室裡的多數時間都花在溝通上：給屬下寫備忘錄，你是在溝通；口述信件，你是在溝通；在電話裡與客戶談話，你是在溝通；給上司彙報某件事，你是在溝通；準備新聞發布，你是在溝通；批評祕書，你是在溝通；在董事會上做報告，你也是在溝通。

熟練的溝通能力能提高你的效率，缺乏對應的能力會注定你平平庸庸。你溝通的狀況如何？通過下列簡單的問題，你就能回答：

情緒管理

1. 你經常發現自己被人誤解嗎？

2. 你經常說一些你不想說的話或說不出你想說的話嗎？

3. 你發現自己常說「我想說的是……」嗎？

4. 你經常說「我不是這個意思，我的意思是那樣」嗎？

5. 當你坐下來寫一份重要的信件或備忘錄時，你是很困難
   地把觀點擠在紙上嗎？

不能有效地溝通，是你在尋求成功時的最大障礙，那意味著你會慢慢偏離目標，一路受阻。在人際關係上這僅僅是嚴重的問題，但在事業上，它卻是致命的要害。如果你想要取得進展，你就不可以忽視溝通。下列指出三個改善溝通藝術的項目，提供讀者參考。

第一節　情緒與溝通

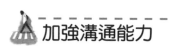

加強溝通能力

你生活在你可能稱之為「溝通時代」的年代裡，歷史上從沒有過這樣多的訊息和各種方法需要面對。人們可以用口頭和書面方式來互相傳遞訊息，問題是，不論你如何地說說寫寫，你都可能錯誤地認為自己是在溝通，你不能想像有什麼比這一點更糟糕。舉例來說，在歐美地區，超過一半以上的夫妻會離婚，如果你問這些離婚者，到底是什麼不如意？你總能聽到的抱怨是：「我們無法溝通！」

這並不是說他們不說話，他們說話也不少，有時會說個沒

完，常常是興高采烈談到深更半夜。但儘管說了那麼多，他們還是不能溝通。

舉另外一個例子，你我都熟悉「代溝」這個詞，它是用來描繪一代人與另一代人之間的距離，最常見的是父母與孩子之間的距離。如果你問一位父親，他和兒子之間有什麼麻煩，他可能會誇張地說：「跟那小子簡直說不上兩句話！」

如果問孩子，他會說：「我與爸爸說的不是一樣的話。」

國家之間、不同背景、不同經濟收入與不同膚色的人們之間、自由派與保守派之間、工會與管理階層之間，也存在著類似的情況。互有敵意、爭吵與衝突，這一切都是因為他們之間不能相互溝通。問題並不是他們不互相交談，但就是無法溝通。

為什麼會連續不斷地出現這樣的矛盾呢？主要是不懂如何溝通。

溝通是從需要開始的：共同分享觀點的需要。早期的人沒有語言，他們靠哼哼、聳肩和其他動作來溝通，可是這種非語言的溝通只侷限於表達最簡單的思想，於是人們開始試用各種各樣的哼哼聲，用它們來表達各種事物。

例如：史前時代的人類可能指著一隻狗，並發出「狗」的聲音，這樣做了幾次後，他的朋友就會明白這個意思並重複這個聲音。結果，下次他們想說狗時，狗可以不必在場。人們會不言而喻地同意，「狗」這個音指的是狗，因而這個哼聲變成了一個詞。

你只要注意一下就會發現：到現在，我們的一些基礎詞彙

仍然是單音詞，這很有趣，例如：我、你、他、她、去、來、留、吃、打、殺、死等。在原始語言中，像這樣的發音使得當時的人們能互相溝通思想。

可是，就在語言得到發展後，儘管人們能流暢地表達自己，但聽者卻不一定能聽懂。為什麼呢？原因之一是詞彙有主觀意義、個人語氣和感情色彩，例如：當你在聽眾面前說「愛」這個字時，請他們思考一下。有人想到的是「可愛」的一樣東西，而有人會想到「做愛」的場面，甚至有人則會想到「戀愛」的故事。

愛，讓孩子想到媽媽，讓年輕人想到情侶，讓新娘想到新郎，讓愛國者想到祖國，讓信徒想到上帝，讓浪漫者想到自己的美夢。人們常說的這個簡單詞「愛」，對不同的聽者來說，包含著不同的意義，每種意義都由人們對愛的經歷來決定的。

許多詞也一樣，像驕傲、性、友誼、美麗、誠實等，同一個詞彙對不同的人來說，意味著不同的意思。你對這些詞所做出的反應，主要是在情感方面的。除此之外，根據說話人的不同，詞彙還帶著不同的色彩，因此有可能：「無論你說得再大聲，我也聽不進去！」

有兩個政客在對聽眾演說有關私有企業的事，他們一個是自由黨，一個屬於民主黨。你在聽他們演說時，會通過自己的偏見把他們假定的偏見過濾掉。正如這句話說得妙：「聽他的話，就知道他從何處來！」

你是什麼背景，你就說什麼話，而同樣的，你就聽到什麼。如果你想有效溝通，你首先得意識到他人的偏見、文化差

異、傾向性、謹慎小心和感情冷漠等差異。由於在共同理解上存在著這些障礙，才會如此難溝通。

從別人的角度

有效的溝通方法是透過他人耳朵的傾聽，進入他人的內心世界。這就是去尋找好的傾聽者，不僅了解你所說的話，而且了解聽話的人之感覺。高明的溝通者通過聽者的耳朵來傾聽自己所說的話。交流是一種對話，當你說話時，你要不斷地意識到你在聽者腦海裡留下的印象。

技巧嫻熟的廣告作家寫出的東西是為了吸引用戶；成功的政治家總是努力對他們的選民說一些他們想聽的話；效率高的保險推銷員絕不提起任何與未來的安全擔憂和希望無關的話題。

你要給人們談一些他們感興趣的東西。但多數人的問題是：你只是關心你所說的話，但卻很少注意到人們所聽到的反應。不幸的是，有些時候所說的話和被聽到的話差異過大。人們會這樣說：「不要只是說到那裡，還要站在那裡。」

站在哪兒？站在人們的內心裡。你所關心的事應該與聽眾有關，這樣，你所關心的事不僅僅是所說出來的，也是聽眾所聽到的。當你對孩子說話時，你總是簡而言之。用自己不流利的語言與人談話，你會注意到你的發音和謹慎地選詞；你知道，要想被人理解，只有這樣才行。

這裡不是建議你對別人說話時要說得簡單一些，事實上，如果你感到你比你的聽者高人一等，這種印象才是溝通時的最

大障礙。你所必須做的是融入聽眾中去,這樣你聽到的才是他們所聽到的。

同樣重要的是,還有他們所感覺到的。比如去說服僱員、用戶、配偶、兒子、女兒或朋友時,先想想你要說些什麼。你可以坐在一張空椅子對面,想像此人正坐在椅子上,對你下結論。

然後離開你的椅子,坐到那個人的位子上,重複你的論點,但這次你只是聽,就像人們說給你聽一樣,而且把自己想像成那個人。此時你會發現,幾乎沒有你所想像的那樣有說服力。問問自己:「如果我是那個人,如果我只聽不說,我的論點能說服自己嗎?」

溝通與對話

不論何時你想要說服他人去做某事,你就要進行對話。當你說出自己的論點時,你的聽者頭腦裡會提出疑問或相反的觀點。除非你意識到這一點並準備解決它,不然你可能遇到阻力。

你有你自己的觀點和目標,你的聽者也一樣。僅僅說出自己的想法是遠遠不夠的,甚至在你說出自己的觀點時,你必須對你的話所激發出來的問題及反對意見敏感一些。你不能有效地讓你的聽者明白這一點,並在談話中說服反對的意見,那麼你們的談話將會以破裂而結束。

透過他人的耳朵來聽到自己的話,這並不是建議你把時間浪費在反駁他人沒有提出的問題上,這是建議你去利用任何討

論機會，在討論中設法用別人所聽到的話去改變他的想法。

除非你對人們有某種感情，不然你不可能有效地進行溝通。如果你的目的只是命令別人去做你想讓他們做的事，他們會懂得你的意思，但卻會做出消極的反應。又除非形成某種義務，不然任何人對他人都不能產生影響。你必須與他們在同一條船上，彼此間必須有一種可以被信任的和睦關係。

要怎樣做才能有效地進行溝通？這可不是要嘴皮子就能辦到的。雷根總統之所以會被譽為「偉大的溝通專家」，儘管他不注重內容的細節，注意力集中的時間很短，統領而不是管理他的政府，但他卻能在關鍵時刻走到人民之中，並贏得多數人的支持。為什麼呢？這是因為，儘管人們不同意他的政治觀點，儘管人們把他看成是會犯錯的人，人們仍然喜歡他，他身上的某些東西使人們感興趣，讓人們相信。據說雷根總統熟諳電視的媒介作用，深知怎樣利用它，那就是他具有影響力的主要原因。為什麼你對推銷員總是持排斥心理？這是因為你知道他只有一個興趣：他自己的興趣。

溝通並非僅僅是把事情說好就行了，它與說話人的本質有關聯。

第二節 溝通的激勵效用

為了贏得他人的支持，記住你的目標不是擺布而是去激發他人。你想擺布別人只會招來敵意，激發他們，你會得到他們的熱情。

希特勒（Adolf Hitler）利用德國人戰後的怨恨和對共產主義的恐懼，來操縱著他們。他靠三寸不爛之舌把德國人組織成了戰爭機器，使歐洲遭到劫掠並在全球點燃了戰火。然而，邱吉爾（Winston Leonard Spencer Churchill）深知英國人驕傲的根源，也知道如何應用這一點，他用語言激發人民起來對付納粹的轟炸，阻止德國人把倫敦夷為平地。

激勵與操縱

那麼，操縱和激勵有何區別呢？操縱是一種利用人的慾望，而激勵卻是盡力對人們有用。利用人們，你最終也會失去他們，僱員、用戶和朋友都如此。激勵他們，大家都會受益。

1953年，激勵專家喬丹（Robert Jordan）還在美國全國宗教委員會工作時，收到了維吉尼亞州首府里士滿（Richmond）宗教協會寄來的一封信，信中邀請他到該市做兩週的傳教。那是個美麗富饒的城市，在美國內戰時曾是南部聯邦的都城。喬丹接受了邀請，但提出在傳教時不能實行種族隔離。

「真對不起」他們說，
「本市有法律規定，禁止種族平等的公共集會。」

在不斷通信磋商後，市議會終於為這次機會而把這一禁令撇在一邊。傳教會開幕式是在晚上召開的，當時，會場上的緊張氣氛都可以明顯感覺出來，到會的黑人只有寥寥幾個。已到場的黑人不明真相，都坐在樓上。喬丹把領座員的領班叫到後台。

「不要只是散發歌本」他說，

「把人們都帶到座位上去，樓下的和樓上的人都有座位，白人黑人都一樣。」

可是這場妥協仍然失敗，只有幾個黑人到場。隔離了幾十年後，他們都不會自動接受暫時的妥協。他要求所有的黑人牧師和高級人士聚會，並詳細說明禁止記者參加，而他們都來了，把非洲人會教堂的大會堂擠得水洩不通。喬丹直截了當地提醒他們：「你已發動一場取消種族隔離的運動並取得了初步的勝利。可是現在，儘管你們由於膚色的原因而被隔絕多年，但你們同白人做著同樣的事。那是你們的權利。如果說你們能隨時到場，那麼你們也可以隨時離開。可是當你們這樣做時，要意識到你們正在使你們仇視的制度更有生命力。」

喬丹決定告訴他們偉大的公民權利運動領袖聖雄甘地（Mohandas Karamchand Gandhi）的事跡。甘地曾在南非的黑人集會上說：「有色人自己的問題之一，是把自己當成了少數人。事實上，在這個世界上，有色人種占多數。當你使用『有色人』和『白人』兩個詞時，你就有自卑的感覺。其實你應該說『有色人』和『無色人』才對。」

教堂裡響起了人們禱告的「阿們」，當平靜下來時，參加傳教會的黑人馬上明顯增多，會場到處都坐有黑人，他們加入合唱，也充當領座員。在兩週的傳教活動中，沒有人惹出什麼麻煩。那麼，里士滿的黑人是被操縱的呢？還是被激勵的呢？

操縱和激勵之間的區別並不總是涇渭分明的。有些人在學

會如何得到他人的支持後，會打算去剝削他人。當然，這樣做有時也會得到一點暫時的好處，但通常這只是曇花一現，最終變成自欺欺人。

溝通技術愈好，就愈能有效地激勵別人。無法有效激勵別人的最大障礙之一是不良的溝通。這個問題在公司、學校或家庭普遍存在。

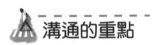

溝通的重點

改進溝通之道在於：清楚地讓別人知道該做什麼，他們就能自覺地去做。參考下面的 18 項建議，會增加你的溝通效果：

1. 清楚地定義為什麼需要溝通，決定你要為被激勵者做什麼，包括如何思考和執行。簡言之，確立清楚的目標。

2. 認清溝通的對象，透過他的眼光來做溝通。

3. 小心選擇溝通的情境：情境不同，溝通的效果也不同。你可以選擇辦公室或交誼廳，打電話或寫便條，在講台上演講或圓桌座談進行溝通。

4. 選擇恰當的時間溝通：對員工而言，週一和週末前一天大不相同。也不要在子女赴情人的約會前和他談大道理。

5. 利用不同的溝通工具：諸如表格、圖片、故事、比喻、感情……等等。

6. 讓溝通的對象多表示意見：被激勵者在溝通的過程中反應愈多，記住的東西也愈多。

7. 使用適合於訊息的脈絡，自然表達。

8. 注意聽眾對你的主題之信念為何，而不要管你表達的內

容。

9. 注意你的溝通想達成之結果為何，而不要管你表達的內容。

10.回答以下問題：我要聽眾想（或知道）些什麼？感覺什麼？做什麼？任何的溝通決定都須立即達到這三個目的。

11.學會影響吸收訊息的能力：將你要傳達的訊息包裝成聽眾很容易吸收的形式。

12.目前訊息多得令人無從選擇，因此你的溝通若愈快、愈有力，所具有的力量就會愈大。

13.對準你的目標聽眾，愈集中愈好，如果目標聽眾太分散，訊息就會愈薄弱無力。

14.讓聽眾記得住是一大關鍵，如果他們連想都想不起來，那還有什麼用。

15.當你能向聽眾顯示，你的訊息在他們生活中的價值時，他們就會常記起和應用你的觀點。

16.對有效性的最終測試是：他們真的採納你的訊息，而且當作他們自己所有。

17.簡單與有效。

18.最大的溝通失敗就是你的聽眾根本聽不懂你在講什麼。

第三節　溝通的原則與禁忌

如果你希望能夠掌握自己的人生，如果你希望擁有成功的事業，如果你希望成為一名傑出的談判者、如果你希望對孩子

有影響力、如果你希望跟妻子之間更親密，那麼，你就一定要花時間費精神去了解他們所持的原則，同時也把自己的原則告訴他們。如果你沒有清楚地向他們解釋你的原則，那就別期望他們會按照你的原則。同樣地，如果你不願退一步去接納別人的原則，那麼也不要期望別人會接納你的原則。

比如說要想跟任何人建立感情，首先要做的一件事，就是必須讓對方知道你處事的原則或是觀點，同時也要去了解他們的原則。要做好這一點，通常你會這麼問：有哪些事必須知道，方有助於感情的發展？要多久溝通一次？要談哪些事？

把握重點與時機

有一次安東尼‧羅賓斯（Anthony Robbins）和一位頗具知名度的朋友交談，他告訴羅賓斯他的朋友不多，於是羅賓斯就問他：「你確定你的朋友不多嗎？可是我卻見到你周圍有不少關心你的朋友，是不是你的限制把一大堆想成為你朋友的人給剔除了？」

他說：「我就是不覺得那些人像是我的朋友。」

羅賓斯又問道：「到底要怎麼樣才能讓你覺得他們是你的朋友？」

他說：「平心而論，我還真是不知道自己的原則是什麼？」

經過一番討論，他認為自己很重視的一個價值便是友誼，而對此，他所持的原則是：如果你是他的朋友，那麼至少一個禮拜得跟他聯絡個 2、3 次。

「這倒是個很有意思的原則。」羅賓斯心裡想著：「我在全世界有好多朋友，平常大家都忙得很，幾個月都難得會談一次。特別是我又常主持研討會，往往一上課便從清晨直到深夜，在這段時間裡打來的電話可能上百個，但我根本就沒回話，雖然如此，但他們都仍當我是他們的朋友。」

　　於是羅賓斯又問他：「你是否把我當成你的朋友？」

　　他猶豫了一下，說道：「嗯，就理智上來說我把你當朋友，可是有時候我又不覺得，因為你實在是不常聯絡。」

　　羅賓斯又終於明白他是如何給朋友下定義的，隨之便說：「喔，我一直不知道這一點，如果你沒跟我講，我還真不知道它對你是如此重要。我相信如果能讓大家知道你這條原則，一定有不少朋友會願意時常打電話給你。」

　　友誼的定義非常簡單，要作他人的朋友，你就得無條件地去愛他，盡力去幫助他。當他遇上麻煩而打電話尋求幫助時，你得立刻伸出援助之手；當你決心跟某人結為朋友，不管是有多久沒聯絡，你們的友誼都不應該消減。就是這麼簡單，不必問為什麼。只要有很多朋友，只要有人願意跟你誠心結交，那麼他就是你的朋友，他可以做的就是好好愛你、關心你，而你也會好好愛他、關心他。

　　把你的原則告訴別人是件很重要的事，不管那是關於愛、友誼或是事業。然而就算是你先前已經講得很明白了，是否日後就不會被對方誤解呢？不大可能，因為有時候你可能會漏掉某一項沒講，也可能你在講時還未完全明白自己的原則是什麼。為了避免這種誤會的發生，這也就是為何得經常跟人家溝

通，千萬別以自己的角度去衡量別人的原則。

區分特別與普通原則

你愈是研究原則對人們行為的影響，就愈發現其中的奧妙，這也就是你為何對此一直抱著極大的興趣之原因。發現人們所持的原則中，有一些他們絕對不會觸犯，而另有一些他們卻不時地觸犯。每當他們觸犯了，就會覺得很不好受，可是他們依然故我，一犯再犯，到底是怎麼回事呢？

經過一番研究，你終於明白了其中的道理。每個人中都有一些看重的價值，也排列層級，有些重要、有些次要，而愈是重要的就愈會去追求。同樣地，有些原則在你心中也占有極重要的地位，要是觸犯了必然會招來極大的痛苦，因而你從來就沒想去觸犯，像這種原則稱之為「特別原則」。比如說，有人問你：「什麼事是你『絕對不敢』做的？」

這時你給他的就是特別原則，那意味著你絕對不會去觸犯，為什麼呢？因為要是你觸犯了，就必然招致極大的痛苦。

另外，你有一些不是不敢觸犯，而是不想觸犯的原則，稱其為「普通原則」。固然觸犯了這種原則會使你不大好受，不過有時候你還是會出岔子，至於是什麼事就得看狀況了。這兩種原則的差異之處就在於一個涉及到「必須」，一個涉及到「應當」，就如某些事你一定得做，某些事一定不可做，某些事應當做，某些事不應當做。

這個「一定得」及「一定不」的原則就屬於特別的，至於這個「應當」及「不應當」的原則就屬於普通的，然而不管是

特別的或普通的，對你的人生都會構成影響。

　　一個人若是有太多的特別原則，那麼他的人生必然會過得很累。試想，處於當前的環境裡，每天你接觸的人必然不少，而他們的個性又是各式各樣，如果你有一大堆的「必須」、一大堆的「不能」，那麼生活起來必然動輒得咎。根據常理來判斷，你的原則必須因此而無法維持，結果在各方面造成經常性的壓力，不僅影響了自己，同時還影響了周圍的人。

　　你不妨看看今日所謂的「女強人」，她們一心想在各方面出頭，並且還想表現得比男人更好。她們不僅要照顧自己的丈夫、孩子、父母、朋友和個人的身體，同時還想走出家門去改變世界、防止核戰發生、作個頂尖的企業家。想想看，她們為了追求成功，給自己訂下了這麼多的「必須」原則，生活中所承受的壓力會小嗎？

　　生活在今日的社會，大家對自己的期望愈來愈高，因而承受壓力的不只是婦女，也包括男人、孩童及老年人。如果你自己訂下太多的原則，生活就會失去動力，人生將會變得很沒意思。當一個人愈能夠掌握環境，就愈會覺得自己有用、有價值，然而當他有太多的原則要去遵守時，自然就愈難掌握住環境了。

　　就夫妻婚姻關係來說，有什麼是「絕不可」的原則呢？許多人可能會這麼說：「我的丈夫或妻子絕不可以有婚外情！」

　　然而對某些人來說，這種事只列在「不應該」的原則範圍內，例如：「我的丈夫或妻子不應該有婚外情。」

　　這兩種原則就是這點差異，結果就造成了夫妻潛在的問

題。夫妻之所以失和,事實上並不是他們未約定應該信守的原則,而是未分清何者絕不可做、何者不應該做。對此,要想和配偶有良好的關係,你不僅需要了解對方的原則,同時要講明哪些是絕對不可的、哪些是不應該的。

要想實現某些目標,你一定得有一些絕對「必須」的原則,好促使自己拿出行動,為追求目標而堅持下去。舉個例子來說,一位體格很壯的女士,對於健康方面,她訂了許多「必須」的原則,而只有幾個「應該」的原則。當問起有關健康的事宜,哪些是她認為絕對不能做的,她說沒有任何「絕對不能」的禁忌,然而卻有不少必須的原則,例如:她必須吃、必須睡覺等等。當有人問她是否有一些「應該」的原則,她回答說:「當然!我應該吃得更好一些,也應該去運動,更應該好好照顧自己的身子。」

她也有一些「不應該」的原則,例如:不該吃肉、不該吃得過多等等。這位女士有一大堆不應該做的,可是因為沒有任何「絕對不可」做的原則,因而無法造成她強烈的痛苦,結果她就從未想到如何去戒除那些會傷害健康的事,無怪乎她的體重會降不下來。

如果你有凡事喜歡「拖」的毛病,很可能是因為常用一些「應該」的原則而導致如此,例如:「我應該開始做這件事了!我應該開始鍛鍊身體了!」

如果你把它們都改成「必須」的話,例如:「我必須開始做這件事了!我必須開始鍛鍊身體了!」

然後立刻拿出行動,並持之以恆,請問情況會有何改觀

呢？

　　別忘了，每個人都得在神經系統內建構一些原則體系，讓它能成為你邁向成功的幫助，也就是鞭策你繼續努力下去，能使你成長。如果你能把「必須的」和「應該的」這兩種原則做適當的調配，達到目標應該是件很簡單的事。

　　談到這裡，請你做一做下面這個練習，你的答案要盡可能寫得周全，這將有助於原則的正確制定。

1. 要怎麼樣你才會覺得算是發揮潛能了？

2. 要怎麼樣你才會覺得有愛——跟你的孩子、配偶、父母或任何你認為有關的人？

3. 要怎麼樣你才會覺得有自信？

4. 要怎麼樣你才會覺得在各方面算是表現出色？

現在請你審視一下所寫的原則，同時問問自己：

1. 這些原則訂得是否適當？

2. 是否讓我很好受或很容易難受？

3. 要發生多少次才會讓你感受到愛？

4. 還是只要 1、2 次便讓你覺得被奚落？

　　如果你所訂的原則有所不足，那麼最好馬上改掉，取而代之以能使你好受或振奮的原則。如果你想獲得快樂或成功，到底得需要什麼樣的原則呢？在此請你注意原則制訂的要點：所訂出的原則必須是你能掌握的，這樣外界就無法控制你的感受，同時也要制訂得讓自己很容易得到快樂的感受，而很難得到痛苦的感受。

　　此外，當你在制定原則時，必須帶著輕鬆的心情。如果你

曾因過去訂過不當的原則而吃虧，那麼何不為此大笑三聲？這對你原則的重新制定會有莫大幫助。

除了明白自己的原則外，你也得去發掘別人的原則，這包括你的孩子、配偶、父母和朋友。你得主動做這個調查工作，但要抱著輕鬆的心情。所以去問問你的配偶，她的原則是哪些；也去問問你的父母，更別忘了去問問你的主管和你的屬下。

有一件事是可以確定的，那就是如果你不了解別人的原則，那就必然會對你有所損失，因為遲早你會在不知不覺中觸犯他們；然而，你若是了解的話，就可以預知他們的行為，做出他們高興的事，因而促進你們之間的感情。

別忘了，對你最有幫助的原則，乃是不管發生了什麼事，你都得保持樂觀、積極、進取的態度。

第四節　如何做有效的溝通

讓雙方有緩和的開始

當對方緊張時，你會發現你很難與對方溝通。因為對方被自己害怕的心理纏住了，不能集中精神聽你談話，也不可能無拘無束地發言。因此，當你準備與別人交談時，要注意下列三件事：

首先，觀察他的眼神。一個人若是避開你的視線，或眼睛不知道看哪裡，這通常表示他緊張或覷覥。此時，你要消除他

的緊張，否則你們交談的效果會大受影響。表現友好、微笑，這是消除別人緊張心理的最有效方法。

其次，做個好客的主人。給對方一個舒適的位置坐下，如認為合適，可給他弄點喝的或吃的。

最後，在開始交談時，先談一些對方感興趣的話題，如問一問他的家庭、業餘嗜好和其他情況。你的目標是與對方建立融洽關係，讓他從容不迫地跟你聊天。

聽對方的意見

成功的交談有一個重要特點，就是雙方在交談時的非語言溝通。善用反應的手勢或身體語言等的非語言反應，往往會決定雙方交談的深度。消極回饋不利於溝通；積極回饋能促進和激勵雙方溝通。

鼓勵雙方交流的最佳方法是讓對方知道你想聽他的意見，對他說的話要表示出興趣。能否向他傳達這個訊息，一半取決於你自己是否養成真心誠意聽取別人意見的習慣，另一半則是你必須集中精神理解對方的話，而不是一直在想如何對他的話做出回應。每當你的精神集中在錯誤的東西上時，你就會很可能誤解對方的話。如果你老是忙於考慮怎樣回應，你就不能有效聽取對方的意見。

表達重點

生活在這個繁忙的世界上，時間是最寶貴的東西。所以，相互交流貴在表達重點。交談時所花的時間愈少，效果愈好。

無論什麼方法，只要能避免誤解就是好方法。

所以，無論你是一對一地與人交談，還是小組討論，最重要的是：你一開始就闡明你的意見，然後才做補充解釋。這樣做，不但可以節省大家的時間，而且可免除聽眾猜測你究竟要想說什麼，或者一下子得出錯誤結論。有時你會發現，你準備做的解釋都不必要了，因為你的觀點已經很清楚了。

在此同時，也要儘量得到對方回應。要留神觀察對方的非言語回應。要弄清你是否能成功地表述你的觀點，最佳的方法是得到對方的口頭回應，給對方一個回應的機會。可以叫他用自己的話複述你剛說過的內容，鼓勵他在適當的時候發問，或在講完一個要點之後，問問他聽懂了沒有，然後才講下一點。如果對方一直不說話，你就無法了解他是否理解你的話？是否同意你的話？

產生共鳴

感情共鳴對互相交流有很重要的作用。如果人人都對別人有強烈的愛心，都盡力與別人產生感情共鳴，而不是指責別人，那這個世界的爭論和溝通失敗的情況都會減少。

與人交談時，要儘量從他的觀點來看事物，盡力弄清楚他為什麼會這樣想。如果你設身處地為別人著想，就不會一心想著要別人安份了。

提問之前提供一些必要情況，回答以簡明扼要為原則。你可能有過這種經驗，被人提出一個突如其來很難回答的問題，你不清楚這個問題究竟問的是什麼？為什麼對方會這樣問？結

果使你答不出來而難堪。

每次要提問問題之前，先說明一些情況，讓對方知道來龍去脈和你提這個問題的用意。提供足夠訊息，讓對方知道如何作答便可。下面舉個例子，請看同一問題的兩種不同問法：

1. 「PD」是什麼意思？

2. 問你個問題。昨天晚上查閱帳目，在電腦上見到一個他不懂的縮寫，「PD」是什麼意思？

你可以看得出來，在提問問題時，交待一下背景情況，效果會好得多。

第十一章

善用情緒的傾聽技巧

　　大家都會同意，溝通時要有雙向的交流，但許多人卻忽略了除了需要講話的藝術之外，更需要具有傾聽的技巧；因為，美好的溝通，需要良好的傾聽來搭配。

　　「你們在做……做……做……做什麼啊？」一位教授幾乎氣昏了頭後，結結巴巴地說。因為他正在對 30 個人講話，而這些人卻表現出最差勁的聆聽態度——打哈欠、互相討論、腳在桌子底下踢來踢去、看窗外、打瞌睡等等，這才把他氣成這副模樣。

　　這是激勵專家羅勃（Robert）在美國中西部一所大學，主辦一場有關「聆聽」的討論會時，故意安排的情景。在休息時間時，羅勃請這位教授到企管大樓去取一些學校所排定的課程資料，然後羅勃請他稍事休息後，馬上向這一群人講解一下課程內容。

　　他走了之後，羅勃請所有學員再演練一次最惡劣的聆聽態度。當這位被實驗的教授回來後，他站到教室前面，所有的學員都拍手表示歡迎；但是當他一開口，他們就開始依計畫發揮

演技。

這位可憐的教授的反應是，張口結舌、困惑、難過，這可以說是羅勃所觀察過，使一個人最不能忍受的聆聽態度。他近乎乞求地說：「你們在做什麼呢？」

這句話可以說是所有面對漠然聽眾的人之共同心聲，他們心裡在問一連串的「為什麼？」

「你們在做什麼啊？

注意聽！我有話要說！很重要的！

我心裡有一堆話和想法！我一定要說出來！那是我心裡的話！

我一定要表達給你們知道！你們為什麼不聽？

為什麼不注意我，為什麼要打擾我，為什麼不對我全神貫注？求求你們！聽我說啊！」

眾所周知，多數人都喜歡說，而不喜歡聽。

第一節　溝通從傾聽開始

在人類所有的行為中，巧妙的聆聽態度，最能夠使別人覺得受到重視及肯定自己的價值。然而，這也是最容易被忽視的一點。

你不妨問問朋友，他們在和別人溝通時，是否碰到過任何困難，他們的回答可能是肯定的。但是在 20 個人當中，大概只有 1 位，會說他的問題在於聆聽。

羅勃在明尼波利成人學校講課時，開了一門有關公開演講的課程。由於這個課程愈來愈受歡迎，而不得不增加兩位老師來帶領所有選修的學生。

如果忽略傾聽

演講課開了 4 年之後，羅勃又開始開聆聽的課程。這是一門新的課程，然而選修的學生竟然只有 6 個人，不足以構成一個班級！

每一個人都希望學習說話！只有點綴似的 6 個人稍微感覺到聆聽的困難，認為這是人際溝通中必須學習的一課！很多年前，維也納有人提出實驗證明，談論自己得到別人專注的聆聽，這不只是一種享受，同時也可以延年益壽。

奧地利精神分析學家弗洛伊德也發現，治療一個人的心理疾病，只要讓他說出內心的感情和生活經歷中的癥結即可。弗洛伊德治療心理疾病的技巧，就是讓病人盡情地說，這為心理醫學界開創了新紀元。直到今天，這種方式仍然是所有心理諮商和治療的基礎。

說服別人前，必須先聆聽他們說話。現在你知道，聆聽別人說話，可以使他們覺得很舒服。讓我們先來看看推銷員的工作。

有一群推銷員一起接受 6 個月的訓練，並準備賣同樣的商品。在訓練當中，他們的銷售技巧、習慣和個人性格，都經過嚴格的審核。說明技巧方面並沒有發現太大的差異，不過說服力最高的 10% 和說服力最低的 10% 之間，有一點非常耐人尋味

的差異。

說服力低的一群，在每一次的拜訪中，平均說話30分鐘；而說服力高的一群，在每一次的拜訪中，平均只說話12分鐘！表現平平的一群，其說話的時間通常比客戶多三倍。因此這是個很有力的證明，如果你希望某人做件事情，例如：買你的產品，那麼你就不要向他「滔滔不絕」地推銷。

有記者曾採訪過一位推銷員費德曼先生，他是國家保險業最著名的推銷員。記者打電話給了他，先自我介紹一番，而後告訴他自己喜歡拜訪一些成功的人。

記者問他：「你可以告訴我去年你賣了多少保險嗎？」

他回答：「可以啊，去年稍稍突破6500萬美元。」

從他的聲音中聽不出特別的地方。記者驚訝的說：「真嚇人！我有朋友也是從事保險業務，他們的業績是百萬美元。你的成績是他們的65倍呢！為什麼有這麼大的差別呢！」

一陣沉默之後，他說：「這一點我自己也想過。我相信所有推銷人員的能力都不相上下。所相差的是，我和客戶談話時特別注意他們的話，我非常苦幹實幹，而且我是世界上最好的聽眾！」

最後這一句話：「我是世界上最好的聽眾」，使人聯想起一位著名的推銷員，他也曾說過同樣的話。他在當推銷員的前兩年，每年只賺取大約10萬美元。當記者問他為什麼會變得這麼成功，他聳聳肩地回答說：「我也不知道，不過我很賣力，而且我要強調的是，我是一個很好的聽眾。」

這些人都是非常傑出的人士，在工作上都創造過驚人紀

錄。而他們的卓越成就，都歸功於當個很好的聽眾。請你拿這句話來和你的原則比照一下，你給予別人所需要的，他們也會給予你所需要的。

現在你知道，每一個人都喜歡說話、表達自己，喜歡別人聽他說話。如果能碰到一個很忠實的聽眾，他們一定會很高興、很有自信，而且會對這個聽眾百依百順的，不是嗎？

成為一個好聽眾

如何當一個很好的聽眾？

一般而言並不困難，只要你願意去聽。你必須表現出強烈地希望聽別人所講的內容。熱心的聽眾不可能有睿智的問題，他們只會有情緒性的問題。他們不是心不在焉，就是只顧想自己的事情，對於別人的話，根本沒有聽進去。這對說話的人來說，確實是嚴重的打擊。

但是這些人的表現，並不是因為他們不知道如何聆聽，只是他們不願意去聽。如果你被逼去聽一堂有關穿戴降落傘的課程，你可能會覺得很無聊，上課時一定會心神不集中。

但是如果有人命令你，明天自己戴好降落傘，從飛機上跳下來，你一定會豎起耳朵聽清楚每一個步驟，因為你的生命就繫於能否吸收教練所指導的每一句話。

也許你要活著並不見得非依靠善於聆聽的技巧不可，但是具備這種能力，卻能得到很多好處。由於專注的聆聽，你也許可以財源滾滾，結交到親近的朋友，得到圓滿的婚姻，獲得朋友的信任，事業也更順利。假使你是一個政治人物，那麼，你

的競選將無往不利！

　　沒有人能夠逼迫你去聆聽，除非你心甘情願。你也許認為你已經聽進去了，請你用下列的例子來證實一下。看過下面每一種情況之後，選出你認為最適當的答案是 A 或 B。

1. 你8歲大的兒子很認真地告訴你，有幾個小朋友在鄰居的車庫裡玩火。你認為：

　　A.天啊！有東西被點著了嗎？我一定要去看看。我正可以利用這次機會教育兒子不要玩火。

　　B.我要讓兒子自己告訴我這次經驗，問問他的感覺，好不好玩呢？其他小朋友是否認為危險？別的小朋友有什麼感覺？

2. 你這一天好累，因為昨天晚上很晚才睡，所以今天昏昏沉沉的，做什麼事都不對勁。熬到傍晚你已經筋疲力盡了，這時你的配偶（室友）下班回來，他一進門也開始抱怨起來：「今天真不順，我實在好累，最近好像都這樣。」你認為：

　　A.你哪一天不是這樣？你怎麼不問問我？我知道你要說什麼，讓我說說我的，我早快累死了。

　　B.天啊！我真的快累壞了，不過別人可能比我更累。什麼事不順？我可以幫忙嗎？表示關心的問題是，先讓別人情緒發洩過後，再拿他來和自己的際遇比較一下。

3. 假設你是一家公司的部門主管，你向所有的員工宣布一項新的醫藥方面之福利措施，但卻聽不到任何人表示高

興。後來有一個員工跑來告訴你:「我有一個朋友在IBM公司上班,他們這項醫療福利的內容比你好5倍。我們公司的福利聽起來好像很好,事實上對我們的保障並不實在。」你認為:

A.為什麼這個人不滿足呢?我必須特別加強某些福利。我再把這些福利仔細看一遍,然後和IBM的福利措施詳加比較。

B.他怎麼會這麼想呢?事實並不如他說的那麼差。他說這些話到底是什麼意思?他內心一定有些不滿,覺得不公平、氣憤。讓他說,我才能明白究竟,再想辦法消除他心中的火氣。

4. 你12歲的女兒放學回家後跑來跟你說:「今天我有幾個朋友在討論抽大麻菸的事,老師告訴我們抽大麻菸很可怕,但是,不久我發現並沒有像他說的那麼嚴重。」你認為:

A.天啊!我該怎麼辦呢?抽大麻菸?我12歲的小天使會不會有事啊?我必須好好和她談一談。

B.她打開這個話題,顯然是在試探我,想知道我的想法,所以我要有耐心,不要急躁。這正是一個好機會,我可以和她溝通一下。如果我現在先聽她說,不要馬上責備她,我一定能夠和她更親近,讓她繼續說。我可以問她:「為什麼老師要這麼說呢?」「朋友的想法怎麼樣呢?」「你有沒有什麼意見呢?」

在前面的例子中，如果你都選擇「Ａ」，表示你並不是一個很好的聽眾。因為你心中充滿恐懼、偏見、焦躁、有心事、自憐和莫名的壓迫感，這些都是你專心聆聽的障礙。如果你的情緒受到控制時，你就根本不想去聽，也聽不下去。

如果你都選擇了「Ｂ」，這就對了，先讓別人的想法和感覺填滿你的心，然後再整理出自己的態度。繼續這樣做，你的收獲將會更豐富。

第二節　必要用心傾聽

有一次，一位女主人決定要測驗客人是否真的聆聽，她一面請客人吃點心，一面說：「你們一定要嚐一嚐，我加了點砒霜。」所有客人竟都毫不猶豫地吃了下去，還說：「真好吃，一定要把做法告訴我。」

你以為別人講話時，你會好好地聽。事實上，說話的速度大都是每分鐘 120 至 180 個字，思想的速度卻要快 4 至 5 倍；所以你的注意力分散，常把別人所說的話只聽進了一半。

聽別人講話實在是一門藝術。怎樣改善聆聽的能力？以下是幾點建議。

全神貫注

聽音樂時，輕敲手指或用腳打拍子，這沒有問題；聽別人說話時卻不可如此，因為這些小動作最損害別人的自尊心。

要設法撇開令你分心的一切，不要理會牆角嗡嗡作聲的蒼

蠅，忘記你當日要去看牙醫。你的眼睛要看著對方，點頭示意或打手勢鼓勵對方說下去，藉此表示你在用心傾聽。要是你輕鬆地坐著，全神貫注，不用說話也能清楚地表示你聽得津津有味。

年輕人大都聽信別人的話，以為話說得愈多，社交圈子便愈成功。一位外交官的太太曾細述她丈夫初入外交界帶她出去應酬時，她在那些場合是多麼受罪。她說：「我是個生長在小地方的人，而滿屋子卻都是口才奇佳，曾在世界各地住過的人。我拚命找話題，不想只聽別人說話。」

有一天黃昏，她終於向一位不大講話但深受歡迎的資深外交家吐露自己的問題。他告訴她說：「每個人說話都要有人聽，相信我，善於聆聽的人在宴會中同樣受歡迎，而且難能可貴，就好像撒哈拉沙漠中的甘泉一樣。」

如果有一個人聽你講話的時候，心思完全集中在你身上，使你覺得自己是世上最重要的人。這正是一個善於聆聽的人所具有的強烈感染力。

讓對方願意多說

試用一些很短的評語或問題來表示你在用心聽，即使你只是簡短地說：「真的？請告訴我多一點！」

假如你和一個老朋友吃午飯，他說因為夫妻大吵了一頓，整個星期都睡不好。要是你像少數人一樣，怕聽別人私事，你可能會說：「婚姻生活總是有苦有樂！——你吃魚還是五香牛肉？」

　　你這樣說，是間接叫他最好別向人發牢騷。假如你不想澆他一頭冷水，那就不妨說：「難怪你睡不好，夫妻吵鬧一定令你很難受。」

　　當他有一解心中抑鬱的機會時，心情便會好轉。我們當中很少人能夠自我解脫，總是需要把自己的煩惱告訴善於聆聽的朋友。

　　一位生意興隆的房地產經紀人認為，他成功的原因在於不但能細心聆聽顧客講的話，而且能聽出對方沒講出來的話。當他講出一幢房屋的價格時，顧客說：「敦化北路台塑大樓也沒有什麼了不起！」可是，說話的聲音有點猶豫，笑容也有點勉強，那位經紀人便知道顧客心目中想買的房子和他所能買得起的顯然有差距。

　　於是，經紀人會說：「在你決定之前，不妨多看看幾幢房子。」

　　結果皆大歡喜。那顧客買到了他能買得起的房子，生意成交。

　　即使聽自己最喜愛的人說話，也很容易只聽到表面的涵義，而忽略了話中話：「你錢用光了？這是什麼意思？全家人都只曉得拚命花錢！」

　　這番氣沖沖的話可能與家庭的開支無關。真正的涵義可能是：「我今天的工作已經把我折騰夠了，我正想發脾氣。」

　　要是你善解人意，就聽得出這番氣話隱藏著委屈和挫折。在較為心平氣和時，只要稍微說一兩句表示關心的話，例如：「你看來很疲倦，今天很辛苦啊？」就可幫助一個滿腹牢騷的

人，以不傷感情的方式消氣。

 ## 不要急著下結論

你總是通過制訂是非的標準，判斷誰是誰非。只判斷而不用心聽，便會切斷許多心靈溝通的途徑。

加州大學精神病學家謝佩利（D. Shapere）醫生說：「向你所關心的人表示你可能不贊成他們的行為，但欣賞他們的為人，這是非常重要的。」仔細聆聽能幫助你做到這一點。假如10來歲的孩子深更半夜回家，心急的父母不易記住聆聽是多麼重要，孩子剛要解釋，做父母的便劈口喝道：「我不要聽，你去做什麼？這麼晚回家！」

這種反應破壞了雙方的溝通，更嚴重的是，令孩子的自尊心受到打擊。一定要告訴他父母是如何為他操心：「我們既擔心，又害怕。」然後讓他說明一切。心理學家警告說：「父母如果從不聽孩子解釋，孩子長大後，往往要經過許多年的治療才能恢復自尊。」

人們都渴望有人聽自己說話，因此精神病學家的診所擠滿了需要別人聆聽的人。在大多數的情況下，人與人不能溝通的原因是因為，只有人說話而沒有人在聽。一個挽回家庭關係成績優良的調解人說：「我令一家人言歸於好，真不費什麼勁。我只是讓每個人都有發言的機會，別的人都在聽——但不准插嘴。而這是全家人多年來初次細心聆聽彼此說話。」

聆聽是表示關懷的一種方式，一種無私的舉動，可以讓你離開孤獨，進入親密的人際關係，並建立友誼。

在適當的時機表達

你千萬不要以為做一個好的聽眾，就是靜靜地坐著，像古埃及的人面獅身像，等著路人猜謎，這種打啞謎的交談方式是最無聊的。

聆聽並不是絕對禁止表達自己的意見，而應該是互相交換觀點，以各項感官混合運用，用心地聽，誠心地溝通。人類就有使用這種言詞的天賦，來分享彼此的經驗和意見。你必須細心觀察，正確判斷人與人之間的相處，例如：你可能必須花更多的時間，講故事給你的孩子聽，而不要讓逛街占去你太多時間。或者如果你是一位波音747客機上的副駕駛，那麼你可能必須花較多時間和機上的工作人員溝通，而不要花太多時間和朋友討論婚姻問題。

你在生活中，會面對很多不同的情況和不同的人。你必須學習掌握應該什麼時候說話，什麼時候聽話。仔細觀察別人的需要和興趣，培養別人適時和你說話的習慣。

如果你能夠以話語或聲音，來表達對別人的關注和感激，他們一定會樂意和你相處、為你付出。你最好記住，聽別人說話比你自己滔滔不絕地發表高論，更能影響他們。如果你能夠用心，並重視和別人的交談，而且盡可能地配合對方的說話速度和習慣，那麼和你交談的對象一定會感到很滿足。如果你能夠讓一個人無拘無束的在你面前傾訴內心的感受，沒有壓力，愛說什麼就說什麼，不想說，就停下來休息，這才算是最成功的聆聽。

努力學習做到這一點，這個世界需要你，這也算是對別人的一種關懷。不止如此，這應該是一種愛的表現，也許這才是你對這個主題最適當的詮釋——愛他，就應當聽他說話。

設身處地聆聽

人人都希望被了解，也期待於表達自己，卻疏於傾聽。一般人聆聽的目的是為了做出恰當的反應，根本不是想了解對方。

「噢，我完全了解你的感受，我也有過類似的經歷，是這樣的……。」

這類反應經常出現在日常交談中，人們總是依據自身的經驗來解釋別人的行為。

有位父親曾抱怨：「真不懂得我那寶貝兒子，他從來不肯聽我說話。」

聆聽專家問：「你是說，因為孩子不肯聽你說話，所以你不了解他？」

「對啊。」

聆聽專家再次強調，他依然不覺得自己有何不對。於是，專家只好說：

「難道要了解一個人，不是你『聽』他『說』，而是他『聽』你『說』？」

他愣了一下，好一會兒才恍然大悟：「噢，沒錯！可是，我是過來人，很了解他的狀況。唯一叫人想不透的，就是他為什麼不聽老爸的話？」

　　這位父親確實完全不明白兒子的心事，他只用自己的觀點去揣測旁人的世界，無怪乎打不進別人的心。事實上大部分的人，都是如此自以為是。

　　「聆聽」有下列五種層次之分：

1. 層次最低的是「聽而不聞」。

2. 其次是「虛應故事」，「嗯，……是的……對對對……」略有反應，其實心不在焉。

3. 第三是「選擇性的聽」，只聽合自己口味的。

4. 第四是「專注的聽」，每句話或許都進入大腦，但是否聽出了真意，值得懷疑。

5. 層次最高的則是：「設身處地的傾聽」，一般人很少辦得到。

　　某些溝通技巧強調「主動式」或「回饋式」的聆聽——以重複對方的話表示確實聽到。設身處地的傾聽卻有所不同，前者仍脫離不了為反應、為控制、為操縱而聆聽。

　　至於設身處地的傾聽，出發點是為了「了解」，而不是為了「反應」，也就是透過言談闡明一個人的觀念、感受與內在世界。設身處地與同情有些差別，同情摻雜了價值判斷與認同。有時人際關係的確需要多一份同情，但卻易養成對方的依賴心。設身處地也不代表贊同，而是指深入認識另一個人的感情與理智世界。

　　設身處地的傾聽，不只是理解個別的語句而已。據專家估計，人際溝通僅有十分之一是透過語句來進行，三成取決於語調與聲音，其餘六成則得靠肢體語言。所以了解式的傾聽，不

僅要耳到，還要眼到、心到。用眼睛去觀察，同時也要用心靈去體會。

如此傾聽，效果宏大，不但可獲取最正確的訊息，還有助於感情存款的增加。因為，要避免單方面的努力，只有為另一方所接受與認可，感情才會成長。若被誤會為別有用心，反而會降低感情帳戶內的餘額。

第三節　情緒的緩和

由衷的傾聽可提供心理或情緒的新鮮空氣。在物質生活滿足後，人類最渴望的就是精神上的滿足──被了解、被肯定、被賞識等。

營造緩和的氣氛

當你設身處地地傾聽他人的說話，可以提供對方情緒的新鮮空氣，滿足精神上的需要，這時你才能集中心力解決問題或發揮影響力。

有一次麥考梅克在芝加哥主持講習，正好教到這個觀念，他要求每位學員當晚實際應用一番。第二天，其中一份心得報告如此寫道：

昨晚有一大筆不動產買賣已到最後的談判關頭，這次芝加哥之行，是想就此成交。於是我和業主、律師以及另一位房地產經紀人共聚一堂，但起初形勢似乎對我不利。

　　我已投下半年光陰，成敗在此一舉，因此心中慌亂至極，簡直六神無主。我用盡一切推銷技巧，想盡辦法拖延，唯恐最後被判出局。對方卻覺得此事拖延已久，不如當機立斷。

　　迫不得已，我姑且應用白天學到的原則，試著去了解對方，反正這已是最後一搏。我儘量設身處地，設想業主可能的需要與考慮，然後明白告訴對方，由他判斷我究竟了解多少。如此你來我往，我愈說中他的心事，他回答得愈多。

　　最後，話才講到一半，他突然站起身，撥了個電話給妻子。就這樣我贏得了合約。當時我瞠目結舌，直到現在還不清楚究竟發生了什麼事。

　　不過，為別人設想必須承擔相當大的風險。敞開自我不設防，的確易受傷害、易受影響，這是無可奈何的事，要想影響別人，就得受別人的影響。

　　正因如此，前面幾章提到個人情緒修養的工夫之重要性。唯有修養到家，才能把持住自己，享有內心的平靜與抵禦外力的力量。

不良的傾聽反應

　　自以為是的人，一般來說，在傾聽上會有下列四種反應傾向：

　　1. 價值判斷：對旁人的意見只有接受或不接受。

　　2. 追根究底：依自己的價值觀探查別人隱私。

　　3. 好為人師：以自己的經驗提供忠告。

4. 想當然爾：根據自己的行為與動機衡量別人的行為與動
機。

價值判斷令人不能暢所欲言，追根究底則令人無法開誠布
公，這些都是經常造成父母與子女或老闆與員工關係的一大障
礙。

青少年與朋友之間打電話，一聊就聊上 1、2 個小時，跟父
母卻無話可說，或者把家當成吃飯睡覺的旅館，為什麼呢？如
果父母只知道訓斥與批評，孩子豈肯向父母吐真言？對於這些
問題，人們常自以為是。

請看以下一對父子的談話。先從父親的角度來看：

「上學真是無聊透了！」

「怎麼回事？」（追根究底）

「學的都是些不實用的東西。」

「現在的確看不出好處來，我當年也有同樣的想法，可是
現在覺得那些知識還滿有用的，你就忍耐一下吧！」（好為人
師）

「我已經耗了十年了，難道那些 X 加 Y 能讓我學會修車
嗎？」

「修車？別開玩笑了。」（判斷價值）

「我不是開玩笑，我的同學小李輟學學修車，現在月收入
不少，這才有用啊！」

「現在或許如此，以後他後悔就來不及了。你不會喜歡修
車的。好好念書，將來不怕找不到更好的工作。」（好為人

師）

「我不知道，可是小李現在很成功。」

「你已盡了全力嗎？這所高中是名校，應該差不到哪兒去。」（價值判斷）

「可是同學們都有同感。」

「你知不知道，把你養到這麼大，媽媽和我犧牲了多少？已經讀到高二了，不許你半途而廢。」（價值判斷）

「我知道你們犧牲很大，可是不值得。」

「你應該多讀書，少看電視……」（好為人師、價值判斷）

「爸，唉……算了，多說也無用。」

第四節　加強傾聽的技巧

上述例子充分顯示了有效的溝通是多麼不易，而了解他人又是多麼重要。正確的溝通方式也就是設身處地地傾聽，至少包括以下四個階段。

複述語句

第一階段：複述語句，這至少能使人專心聆聽：「上學真是無聊透了！」

「你已受不了，覺得上學太無聊。」

第二階段：加入解釋，用自己的語句表達，但仍用左腦的邏輯思考去理解：「你不想上學了。」

第三階段：摻入個人的感覺，右腦發揮作用。此時聽者所注意的已不止於言語，也開始體會對方的心情：「你覺得很有挫折感。」

第四階段：既加以解釋，又帶有感情，左右腦並用：「你對上學有很深的挫折感。」

運用這四個階段的方式溝通，不僅能了解對方，更能幫助認清自己，勇於表達。再以前面的例子說明：

「上學真是無聊透了！」（對，這正是我的感覺。）

「沒錯，學校教的東西根本不實用。」

「你覺得讀書對你沒什麼用？」（想想看，我是那麼說的嗎？）

「對，學校教的不一定對我有用。你看小李，他現在修車技術一流，這才實用？」

「你覺得他的選擇正確？」（嗯……）

「嗯，從某個角度看確實如此。現在他收入不錯，可是幾年後，或許會後悔。」

「你認為將來會覺得當年做錯了決定？」

「一定會的，在現在的社會裡，教育程度不高是會很吃虧的。」

「教育很重要。」

「對，如果高中都沒畢業，一定找不到好工作，也上不了大學。有件事我真的很擔心，你不會告訴媽吧？」

「你不想讓媽知道？」

「不是啦，跟她說也無妨，反正她遲早會知道的。今天學

校舉行閱讀能力測驗，結果我只有國中程度，可是我已經高二了！」

兒子終於吐露真言，原來他擔心閱讀程度不如人。此時才是父親發揮影響力，提供意見的時刻。不過在開導過程中，依然要注意孩子言談間所表達的訊息。若是合理的反應，不妨順其自然，但情緒性反應出現時，必須加以聆聽。

「我有個構想，也許你要上補習班加強閱讀能力。」
「我已經打聽過了，可是每星期要耗掉好幾個晚上！」

父親意識到這是情緒性的反應，又恢復設身處地的傾聽。

「補習的代價太高了。」
「而且我答應同學，晚上另有節目。」
「你不想食言。」
「不過補習如果真的有效，我可以想辦法跟同學改期。」
「你其實很想多下點工夫，又擔心補習沒用。」
「你覺得會有效嗎？」

孩子這時又恢復了理性，父親則再次扮演導師的角色。有時候，不待旁人開導，只要能暢所欲言，就足以澄清問題，甚至找到答案。

心情不好的時候，最需要善解人意的好聽眾，如果你能適時扮演這種角色，將會驚訝對方毫無保留的程度。但前提是，你必須真心誠意地為對方著想，不存私心。有時甚至不必訴諸

言語，僅僅一份心意就足以感動對方。對於關係親密的人，和他人分享經驗，將有助於溝通：「讀了這本書發現，其實我從未真正聆聽你說話，但今後我願盡力而為，縱使一時間不能做得很好，但我確實真心想了解你，也希望你助我一臂之力。」

可能有人會批評這種傾聽方式太耗費時間。起初的確如此，可是一旦進入狀況，就會如魚得水。正如醫師不能託辭太忙，就不經診斷而下處方，溝通也需要投入時間。

傾聽使人茅塞頓開，原來人與人之間的差距如此懸殊，而觀念差異又支配著人際關係。在同一幅畫像裡，甲看是一位少婦，乙看卻是老嫗；有人唯利是圖，有人愛情至上；有人理智，有人重情……不論個別差異多大，人人都以為自己代表一切。

你與他人就是在充滿差異的環境中，共同生活與工作，應該如何屏棄成見，為彼此的利益而合作呢？祕訣就在本章所強調的：了解別人與表達自己。

有一位主管深諳此道，他講述道：公司規模不大，有一次跟一家全國性金融機構洽談合約。對方來勢洶洶，組織了一個 8 人代表團。公司也打定主意，若無法達到雙方互利的協議，即使生意再大也寧可放棄。總經理首先開誠布公地說：「請根據你們的意願擬訂草約，好讓我們明白你們的需要與想法，然後我們再提出意見，最後商談價錢。」

對方很驚奇，他們相當感動。3 天後草約擬好，總經理也逐一與對方交換意見，等到彼此都了解對方立場，原本劍拔弩張的局面，化為一團和氣，對方談判人員很爽快她說：「這筆

生意就這麼敲定，儘管開價，然後簽約！」

　　表達也要講技巧，表達自己也是謀求利人利己之道所不可或缺的。了解別人固然重要，但你也有義務讓自己被人了解，這通常需要相當的智慧。

　　古希臘人認為，人生以品格第一，情感居次，理性第三。表達自己也應該遵循這三個原則進行。有些人在表達時直接訴諸左腦主管的理性，卻不見得具有說服力。

　　有位朋友曾對史華茲（M. Schwartz）抱怨，他向主管進言，提醒主管檢討管理方式，可是對方並不接受。

　　他問史華茲：「那位仁兄對自己的缺點心知肚明，為什麼卻死不認錯？」

　　「你覺得你的話具有說服力嗎？」

　　「我盡力而為。」

　　「果真如此嗎？天下哪有這種道理，推銷不成反而要顧客自我檢討？推銷員應該想辦法改進銷售技術才是。你是否曾設身處地為他著想？有沒有多做點準備，設法表達得更令人信服？你願意花這麼大的工夫嗎？」

　　他反問：「憑什麼要如此？」

　　「你希望他大幅改變，自己卻吝於花費心力？」

　　他覺得投資太大，不值得付出。

　　另一位朋友任教授時，願意付出代價，也嘗到了成功的果實。他先向聆聽專家求救：「我手邊的計畫不符合研究方向的

主流，申請經費極為困難，怎麼辦？」

「如果是我，我會想一套有力的說詞。先從評審教授偏好的研究方向入手，而且要比他們了解得還透澈，證明我很明瞭他們的立場，然後再說明要求補助的理由。」

於是，在業務會議上，他開宗明義說：「本人首先就本系的發展重點，以及各位對本計畫的顧慮提出說明，再談個人的意見。」

事後證明他的確找到評審教授的偏好，由於他表現出體諒與尊重，會議尚未結束，研究計畫就過關了。

表達自己並非自吹自擂，而是根據對他人的了解來訴說自己的意見，有時候甚至會改變初衷。因為在了解別人的過程中，你也會產生新的見解。

人際關係中有不少部分是屬於關切範圍，像無法解決的問題、歧見、客觀環境、他人行為等，都是你無能為力的。與其在那些事上著力，倒不如反求於己，由內而外，更為有效。能夠傾聽，就能夠接受影響；能夠接受影響，就能影響人，於是乎影響範圍就會日漸擴大。

為何不從現在起立刻付諸行動呢？不論在辦公室或家中，敞開胸懷，凝神傾聽，不要急功近利，即使短期內未獲回饋也絕不氣餒。以麥考梅克為例，他每天一定與夫人珊德拉交談，了解彼此的感受。他們還模擬家中可能發生的摩擦，透過設身處地的傾聽技巧，預設有效的處理方式。通常麥考梅克扮演兒子或女兒，珊德拉則扮演母親。對於處理不當的事件，他們也同樣加以檢討。

　　此外，在辦公室也應經常與員工個別交談，多聽、多了解他們的心聲。並且設立員工與股東交流意見的管道，接受來自顧客、員工、供應商等各方面的真切回饋，重視人更甚於重視財務與技術。

　　、

第十二章

發揮情緒的激勵作用

　　人類一切美好的事物都來自太陽之光。沒有陽光，花就不能開放；沒有愛情，就缺少幸福生活；沒有兩性關係互動，就沒有愛情；沒有母親，就沒有詩人和英雄。而激勵對個人而言，就如同太陽、愛情、母親一樣，是絕對不可缺的。

　　「激勵」意味著什麼？

　　根據《韋氏新世界英語詞典》一書，這個詞的意思是：「向別人提供積極性或以積極性影響別人。而『積極性』一詞的意思是：促使一個人做事或以某種方式行事的內心動力、衝勁或意欲。所以，激勵涉及到如何激發一個人內心深處的東西，即潛能。」

　　現代人們似乎都希望，可以擁有一種外力可使自己和周圍的人朝著預定方向前進，但凡是由外力促成的行為，都不可能持久。這就像是一輛汽車，汽油用完了，汽車要人推才能走，一不推，汽車就馬上失去動力，很快便停了下來。但如果油箱中的汽油時時刻刻都是滿的，車內的發動機就能不停地驅動汽車前進，幾乎沒有限制。

人和激勵的關係也是這樣，假使缺乏激勵的內在力量，人就很難動起來，更不可能有衝勁，也就很難發揮潛能。但如果一個人不停地受激勵驅動，他就能永遠前進。因此，拿破倫‧希爾指出：「要想成功，你必須學會激起別人內心深處的積極性。要讓他們發揮潛能，你必須『給他們的油箱加油！』」

在一次調查研究中，希爾要求70位心理學家說出主管人員必須懂得的人性中最關鍵的東西，有85%的人說「積極性」，就是使人行動起來的那種感受和認識；因為，如果你不能激起別人的積極性，你就不能領導他們，如果你領導不了別人，那麼你想做的一切事情都要由自己獨立完成，而沒有助手。

一位善於激勵別人的導師。他在美國南加大任籃球教練長達39年，其間培養了21位國家級球員，幫球隊贏得國家與國際冠軍，球隊中有13名世界紀錄保持者及數十位奧林匹克金牌得主。他的祕訣在善於鼓勵人、發掘人的長處、強調人的內在動力。

有一年在太平洋區的田徑賽中，他帶隊參加4人接力賽決賽，其中只有1名是專跑接力的。隊員先前在個人賽中都不幸敗北，士氣低落。他把4名隊員召集在一起，決定對每一位隊員加以真誠的鼓勵。

他告訴第一位，他勁力夠，一定會衝過別隊隊員；第二名擅長障礙賽，因此在無障礙的接力賽中定能輕易超越；第三名是長跑接力，現在只跑四分之一應該更能勝任；對第四名他說：「你是頂尖的，跑給他們看！」隊員奮力一試，果然奪得冠軍。

鼓勵勝於責難。丁克威的成功即在於此。做一個激勵他人的人，做一個激發他人潛能的人，你就會無往不利。

第一節　激勵造就個人

激勵的故事

父母需要經常的激勵孩子，以便造就孩子，這一點是從托馬斯·愛迪生（Thomas Alva Edison）和他的母親那兒認識到這個祕訣。事實上，愛迪生之所以偉大，並不是因為他的天份，而是一方面獲得母親的持續與有效的激勵；另一方面則是個人能夠接受他人的激勵，並在長期的努力下，所達成的成就。

以愛迪生的例子來說，母親從小對愛迪生的信心使他信任自己。當愛迪生感覺到他是完全沉浸在溫暖而可靠的信任中，他就做得很出色。他不會費盡心機，甚至浪費時間地去保護自己免遭失敗的傷害；相反的，他會去全力探索成功的可能性。他的心情是舒暢與喜悅的。信任已經大大地影響了他，使得他把自己內在最美好的東西——「創造力」發揮出來了。因此，愛迪生說：「我的母親造就了我。」

成功學家拿破崙·希爾在這方面也有個人的親身體驗。他曾這樣說過：

「當我是一個小孩時，我被認為是一個應該下地獄的人。無論何時出了什麼事，諸如母牛從牧場上溜走了，或堤壩破裂

了，或者一顆樹被砍倒了，人人都會懷疑，這是小拿破崙·希爾做的。而且，所有的懷疑竟然都沒有什麼證據！我母親死了，我父親和哥哥們都認為我是惡劣的，所以我便真正變得惡劣的了。

有一天，我的父親宣布他即將再婚，大家都很擔心新「母親」是哪一種人，而我認為即將來我家的新母親是不會給我一點同情心的。這位陌生的婦女進入我們家的那一天，我父親站在她的後面，讓她自行應付這個場面。她走遍整個房間，很高興地問候每一個人，直到她走到我面前為止。我直立著，雙手交叉著疊在胸前，凝視她，我的眼中沒有絲毫歡迎的表露。

我的父親說：『這就是拿破崙，是希爾兄弟中最壞的一個！』我絕不會忘記我的繼母是怎樣說的。她把她的雙手放在我的兩肩上，兩眼閃耀著光芒，直盯著我的眼，她使我意識到我將永遠有一個親愛的人。她說：『這是最壞的孩子嗎？完全不是。他恰好是這些孩子中最伶俐的一個，而你所要做的一點，無非是把他所具有的伶俐本質發揮出來。』

我的繼母總是鼓勵我依靠自身的力量，制訂大膽的計畫，堅毅地前進。後來證明這種計畫就是我的事業支柱。我絕不會忘懷她教導我，當你去激勵別人的時候，你要使他們有自信心。」

也許有人會說，像希爾這種行為惡劣的人居然能成為成功學的始祖，但這就是事實。是他的繼母造就了他，因為她那深厚的愛和不可動搖的信心激勵著希爾，使他努力成為她相信他

能成為的那種孩子。

由此可見,任何人,包括任何教育程度、任何個性類型與任何情況下的個人,只要深諳激勵之道,都是可以造就的人才。

這裡有一則來自拿破倫・希爾的感人小故事:

「6年前我曾在這家公司工作。讓我來告訴你一些事,只需要幾分鐘的時間。

這個生意人打開抽屜,拿出一張印著一些資料的紙。他把這張紙遞給記者,並對記者說:『我曾經勝過其他 150 名同事,而躍居為每月最高營業額的業務代表之一。』

在這張記錄該公司每月前 10 名的業務代表名單上,的確可以看到他的名字。這並不是個很了不起的紀錄,除非你有心利用這個小插曲來製造一點氣氛,否則這實在只是一個信手拈來的話題。然而努力研究這個例子的背後,這卻是一個人的寶貴際遇。

7年前他只是個小角色,混雜在 150 名同事之間,當時他很羨慕別人與日俱增的業績,一次又一次接受公司的獎賞,以及愈來愈受公司的器重。

因此他決定利用 30 天的時間,發奮衝刺。其中有 2 個星期正好碰上他們的黃金月份,他知道一生之中可能就是這一次機會,可以使他出人頭地。最後 2 個星期,他拚命鞭策自己絕對不落人後,所以他夜以繼日的工作,爭取每一塊錢的生意。

在最後一天,他終於突破紀錄,成為新紀錄的保持者。他終於一舉成名,而迫不及待地將這個消息告訴他的太太。當天

晚上，他實在按捺不住內心的驕傲和喜悅，他對太太說：『我終於辦到了，我得了第一名，你我得出去好好慶祝一下！』

她興奮地擁抱他，說：『這真是太好了，我真為你感到驕傲。』

第二天到辦公室時，他立刻成為眾人注目的焦點，就像足球隊中達陣得分的邊鋒。

在公司的創業紀錄中，首次將他的名字列入首位，地方報紙也以他的名字作為標題！一個失敗者、一個多年來總是跑在最後的小夥子，終於突破困境，贏得勝利，成為冠軍！

這樣的鋒頭持續不久，下個月又有新的紀錄保持者出現。這些光榮的日子過去了，留下的只是一張紙，但是他卻始終保存著。報紙上搶眼的標題、數小時燦爛的記憶及一張泛黃的複印名單紀錄，7年來仍一直保留在他抽屜的最上層。」

在人的一生中，每個人都有最風光的時候。一生中最風光的時候如夢似幻，卻又和每月的分期付款、蘋果派、網球鞋、聖誕樹及買一輛車，都一樣的真實。這些都屬於每個人生活中的一部分，每個人所犯的錯誤，都低估了人類生活中追求認同的重要性，只當它是生活中的插曲而已。

個人的渴望需求

這類插曲到處流傳，人們渴望認同，渴望成為重要人物。人類渴求被接受與被感激的心態，然而這就夠了嗎？不夠，人類的需求還要更多，他們期望突出、受注目、受重視。

人類渴望得到特別關注的心態，從小時候就開始了：「媽媽，看看我堆的沙堡。」在海灘上嬉戲的小孩，對母親大叫著。一張搖動於報紙後的小臉，腿上拖著東西的小鬼，捧著一束鮮花，臉上漾著迷人的微笑，這些動作無不是單純的在對你說：「請注意我。」

小孩子表現出令父母頭痛的「頑皮」，這種行為的潛在目的，也只是為了達到受注意的目的，即使他上了學校，這種心態也是不會改變的。如果小孩子在課堂上受到注目，這會強烈地刺激他們學習。忽略孩子，甚至拒絕他們，這會導致他們敵對、憤世的態度，這也是所有行為問題的癥結，事情就是這麼單純。被拒絕是一種痛苦，被認同則是令人開心、喜悅的。

頒發「乖寶寶」貼紙、滿腔熱情地作老師辦公室訊息的傳達者、享有特權、名字表揚在黑板上、幾句稱讚的話，以及其他很多認同孩子的方法，都可以使他們覺得自己的重要性，這對他們的鼓勵非常大。

這幾乎是生活中永遠不變的事實。療養院是一些人度過餘生的地方，當你經過時，不妨停下來對每個人微笑、點頭或聊上幾句。出現在你眼前的將是一張張堆滿笑容的臉，一雙雙等待被緊握的手，以及幾句脫口而出的請求：「請不要走，留下來和我聊聊，請關心我！」

第二節　激勵從關心別人做起

你從來無法確定別人渴求關注的程度。你所知道的只是這

種需要確實存在，而且程度可能超過你所想像的。安安是報紙知心專欄的記者，有一天她接到一封信，提出渴望關注的需求：

親愛的安姐：

　　我的一位朋友去年 12 月自殺了，另一個朋友在過去 14 個月中，也嘗試自殺過 3 次不成，幾年前我自己也有過結束生命的念頭。……

　　信中人有著光明的未來，經濟上也不虞匱乏，但是他缺少了一樣東西──建立人際關係的能力。如果知道某人的死對他關係重大，也就是真的有人關心他，那麼說什麼他也不會願意自殺。

　　如果你真的希望幫助他人，方法很簡單，每個人都可能做到：多一點笑容，即使對你不認識的人也保持笑容，和別人親近一點，眼光停留在別人身上更久一點，讓他們知道你在意他們的存在，對你周圍的人付出更多的關懷，傾聽他們的談話，多花一點時間陪他們。即使你沒有能力幫助某些人解決問題，總可以當個耐心的聽眾。

　　對情緒不好的人說些鼓勵的話：「每個人的情緒都有高潮與低潮，沒有人永遠幸福，也不會有人永遠倒霉。如果你願意給自己一個機會，你一定會再回到過去風光的日子，你的明天會更好。」

　　讓一個絕望的人，知道確實有人關心他，你便可以拯救一條生命。另一個例子顯示，滿足一個人渴求受關注的需求，可

以促使他完成幾乎不可能的事。大衛（David）和太太、3個孩子住在美國明尼蘇達州，有一天他辭掉勘查員的工作，準備去完成一件從沒有人做過的事。他和他的弟弟約翰（John），相約完成徒步環遊世界的壯舉。

2年後，兄弟倆遭遇阿富汗強盜伏擊，約翰不幸被殺了，大衛雖然胸部中了槍，卻倖免於死，於是他獨自繼續未完成的世界之旅。前後歷經4年半的時間，他終於完成了這項壯舉。何以一個人會毅然割捨眼前的生活，而去投入像這樣孤獨的痛苦經歷中？答案是：「我要成為萬眾矚目的超級巨星，我要出名。是的，我希望名字能夠上報。」

人類為了獲得關注，能夠做出這麼極端的事，如果你能滿足他們這種渴望受注目的需求，即使對他們來說，這種激勵也只是短暫的，他們會任憑你使喚。

下面提出激勵他人的7種方法，供讀者參考。

稱讚他人

某位測謊專家，1966年有一天下班之後，他心血來潮留在辦公室做研究。他將植物的葉梢銜接在有記錄器顯示的測謊器上，然後在植物根部加水試驗其反應，結果記錄器上顯示無反應。接著貝克斯特摘下其中的一片葉子放進熱咖啡中，葉子還是沒有反應。於是他決定燒掉這片葉子。

燒掉這片葉子的念頭，剛在內心萌生，記錄器上卻已出現急遽的改變──記錄器上的筆如失去控制般的往上延伸。從此之後，貝克斯特和其他人便將對植物生態的理論研究，延伸到

人類的感情和心態上。結果證明植物與動物和人類一樣，能夠
反應隨照顧者的態度而有所差異。如果得到稱讚和讚美，他們
會顯得欣欣向榮；但是，如果受到隔離和責難，它們便會生長
得不好，顯得有病的樣子。

如果人類對植物或動物的影響確實如此，那麼人與人之間
的影響力量更大！不是嗎？

菲力浦‧布魯克（Brucke）是這麼說的：「誇獎任何工作
做得好，可以產生你意想不到的效果。」

西塞羅在著作中寫著：「你都會為愛的禮讚而感到興奮不
已。」

讚美可以激勵別人發揮他們的潛能，以實現他們的理想，
可以建立他們的信心，並使他們成長。有一位心理學家曾經這
樣說過：「撫育孩子沒有其它竅門，只要稱讚他們。當他們把
飯吃完時，讚美他們；畫了一幅畫之後，也讚美他們。當他們
學會騎自行車時，也讚美他們，鼓勵他們。」

有人說一個人活著，就是為了避免懲罰或為了得到獎賞。
讚美就是勸別人付出的一種報償，讚美對人類的行為是一種激
勵與鼓舞。

在某大學中曾經進行過一項實驗，所有學生被分為三組。
第一組學生經常受到鼓勵和讚美；第二組學生任其自由發展；
第三組學生除了受批評之外，無其它態度。結果任由發展的一
組進步最小，受批評的一組有一點進步，但是受讚美的一組表
現最為突出！

湯姆（Tom）是一位優秀教師，他就經常讚美他的學生，

結果每位學生的表現都很令人滿意，而且也值得別人讚美。

　　讚美除了可以使每個人感覺愉快之外，也可以表現出一個人的特質。有一位學生在朋友讚美他的笑容之後，興奮地表示：「我認識那個人已經有 15 年了，這是他第一次注意到我的笑容！」

　　為什麼會這樣呢？為什麼一般人總是吝於讚美別人呢？有人曾經對一群夫婦，作過一次研討會，要求每個人寫下他另一半的任何 15 項優點。主持人同時提供一點獎勵，給第一個完成這個課題的人。

　　過不久，有一個人站起來遞給主持人他完成的資料。整個研討會最令人感嘆的是，有些人竟然連一個字也寫不出來，這是多麼可悲的婚姻關係啊！兩個人經年累月相處在一起，竟然寫不出一點對方的好處！

　　當天晚上主持人回家之後，立刻拿筆寫出他太太的 67 項優點。這麼做可以像一個作家一樣，永遠獲得欣賞，而且永垂不朽。因為他可以丟掉他所寫的作品和未完成的草稿，但他卻永遠不會丟掉記載她優點的那一頁！

　　所以你不妨試一試！學主持人一樣記下你家人的優點，並帶領他們也這麼做，請他們至少互相列舉彼此的 15 項優點，或者比賽看誰列得比較多。然後再將這項活動帶到你工作的地方，讓每個人都一起來做這件事。

　　沒有什麼東西比表揚更能啟動人的積極性。你怎麼期待別人，別人就怎麼回應。你誇獎一個人做得好，他就會更加努力，希望自己做得更好。當眾表揚一個人，效果就會倍增。這

個人不但會更努力地做,而且會得到很好的榮譽。這樣做不僅提高了他在眾人心目中的地位,還能激起大家的積極性,向他學習。

有一個故事就是這個道理。一位女士搬來小鎮住幾個月之後,向她的鄰居抱怨在本地藥局受到的服務太差。她知道鄰居是藥局店長的朋友,希望鄰居會把她的投訴轉告店長。第二次她去藥局時,店長微笑歡迎她,又說十分高興再見到她。他說希望她喜歡這個小鎮,如果他能做點什麼事情來幫助她和她丈夫在這個小鎮定居下來,他會樂意去做。接著又很迅速地配藥給她。

後來這位女士向朋友談起這個奇蹟般地變化,她說:「我猜你向那個店長講了我認為他的服務很糟糕。」

她的鄰居回答:「沒有。其實——請別見怪——我告訴他,你對他能把這家小鎮藥局建立和經營起來很驚訝。你認為他的店是你見過經營得最好的藥局。」

良性競爭

人們有一種自發的競爭精神,這種精神能激發出積極性。戴爾‧卡耐基(Dale Carnegie)寫過一本叫《人性的弱點》(*How to Win Friends and Influence People*)的書,該書中有個故事,說的是磨房經理如何在激勵大師指點下取得成功。當時磨房的僱工沒完成生產定額,施瓦普問,像他那麼做的人,為什麼不能使磨房的產量達到應有的數字。磨房經理說:「我也不明白。我哄過他們、督促他們、罵過他們、用解僱來威脅他

們，都沒用。他們就是做不了多少工作。」

這番話是在黃昏時說的，夜班正要開始。施瓦普叫磨房經理給他一支粉筆，然後轉過身去問一名工人：「你們這一班今天磨了多少輪？」

「6輪！」那個工人回答。

於是，施瓦普只是在地板上寫個「6」字就走開了。夜班工人來到之後看見那個「6」字，問是什麼意思。有人對他們說，大老闆日班時來過，問一共磨了多少輪，然後用粉筆在地板上記下來。第二天一早施瓦普走過磨房時，發現夜班工人擦去那個「6」字，寫上一個「7」字。這天日班工人來報到時，看見地板上那個大「7」字。在競賽心理驅使下，他們決心給夜班工人一點厲害看。

他們賣力地做，下班時寫下一個「10」字才走。很快，這個生產遠遠落後於定額的磨房在整個麵粉廠中名列前茅。後來施瓦普說：「要做事就要競爭。我說的不是為了錢競爭，而是一種超越的慾望。」

交談表達清晰

現代的律師們都認為，大半的爭議不是由觀點分歧或不能達成協議引起的，而是由缺乏互相了解引起的。如果這個說法正確，請想一想，你在讓別人了解自己這一簡單過程中，存在著多少的訊息誤傳與混亂。

試圖激勵別人時，若不要使自己被誤解，就要激起別人的積極性，便要由清晰表達自己的觀點開始。不理解的東西，人

們是不會去做的。準備動員別人行動時，你一定要清楚自己究竟想達到什麼目的，然後盡可能清晰地表達出來。

身分的需要並不只限於運動員或任何組織，你可以用很多方式給予別人榮耀和地位。你對別人的關注，會使他們覺得自己受注目、受重視和被認同。多花一些時間陪孩子，常問問他：「你在做什麼？」

對於雜貨店的收銀小姐，你何不對她說：「妳的手指每天這樣運動一定會變得很靈活，妳一定適合彈鋼琴或吉他。」

當你週一早上到辦公室或學校教室時，你何不向你第一個碰到的同事或同學打聲招呼：「嗨！假日過得好不好啊！」這麼做是使你養成與人親善的習慣，不時表現出你對他人的興致，表達你的意見，誠懇地提出問題。與人相處時，尊重別人，給予相當的自尊。

對人彬彬有禮

法國某位將領在第一次世界大戰期間執行任務時，聽到一位學者的長篇演說，大肆抨擊法國人的禮貌問題。結果有學者嘲諷說：「這根本不是東西。」

該將領卻很有禮貌的回答：「那雖然不是東西，但卻能夠使人改善。」

很傑出的生意人約翰也曾經說過：「禮貌是你不可多得的銀幣，你應不吝付出。」堅持這個原則，為約翰帶來了財富和聲名。

愛默生在作品中也曾寫過：「完整的榮譽和騎士精神，盡

在禮貌之中。」

　　小張和一位朋友聊天,他談到有一次陪一位著名的作家和演說家拜訪本市的情形。這位朋友和這位名人相處了好一段時間,先到機場接他,陪他一一參觀本市。

　　小張問他:「你對這個人印象最深的是什麼?」

　　他的朋友回答說:「每次他都幫我開門,很親切的讓我先進出,這是他最典型的動作。」

　　在人性的特質中,禮貌幾乎是唯一最具相互性的行為,當你以禮待人,別人也會以禮回報你,同時還會使他覺得非常愉快,感到自己受重視。相反的,不以禮貌待人,對一個人的自我會造成很大的傷害,而且會激起他對你的敵視和仇恨。

　　當你要說服一個人做事時,你和他接觸的最初10秒鐘可能是最重要的,可以造成人們最深刻的印象。如果你能給人良好的第一印象,那麼就再也沒有什麼事情可以困擾你了。拿破崙‧希爾說:「你給予別人的第一印象通常是最重要的。儘管你許多年以後才感覺得到,但是別人通常會記得你是很有禮貌的或者是很粗魯的。」

　　彬彬有禮,是你開始和別人建立親善關係的基礎,而且保證可以使你贏得別人良好的第一印象!對待陌生人,也要保持同樣良好的態度!養成溫文有禮的好習慣,隨時說聲「謝謝您」和「請」。

　　不要總是以為別人幫忙或為你做事是理所當然。如果你真這麼以為,那麼你的人際關係一定會變得不好。要學習待人以禮,尊重別人,懂得感激別人來改善你的人際關係。

勇於認錯與道歉

自美國明尼蘇達州飛往聖路易的早班飛機,正好是早上用餐時間。起飛 15 分鐘之後,由於遇到氣流而使機身不穩定,以致於乘客的咖啡倒在盤子上。到達聖路易機場的時間也晚了 15 分鐘,乘客因此稍有怨言。機長適時使用機上對講裝置對乘客說:「我為今天早上波折的飛行向各位致敬,雖然盡力嘗試適當的高度來穩定機身,不過還是發生一點困難。希望各位有個愉快的早餐,謝謝各位搭乘本班機。」

不久乘客們離開飛機後,機場播音員隨即廣播:「我們要為本班機的延遲抵達向各位致歉,希望沒有帶給你們太大的不方便,並預祝你們在聖路易過得愉快。」

聽了這些話,湯姆真想說:「哎呀!這不是你們的錯,而是由於氣流的關係才延誤飛機抵達的時間,你們不需要抱歉。」

雖然他們沒有必要致歉,但是他們還是很客氣的說抱歉,因此使人覺得心情很暢快,所有的不順心都因此一筆勾銷了。

致歉足以影響別人,這也是使別人心中陰霾盡除、保持愉快的好方法。說聲抱歉或對不起,並不是什麼大不了的事,這可說是一種情緒的鎮靜劑,可以撫慰一個人不平的感覺。

幾句抱歉的話,可以說明你確實在意、關心某件事,也表示你對別人的感情觀察細緻入微。何必在乎是誰的錯呢?平心靜氣地向人說聲抱歉,你會使別人覺得心情更愉快。

人類有時確實需要緩解情緒。人生不如意的事十之八九,

如果有人能夠多關照，這真是一大樂事。

「很抱歉，你實在不需要受這種氣的。」

「我很難過，這對你太不公平了。」

「即使你生氣，我也不會怪你的，我很難過發生這樣的事。」

有人關心！有人理解！心頭的鬱悶終得煙消雲散！一般人總會認為，凡事說抱歉顯得太瑣碎、太麻煩。然而生活就是大小事情的累積，不管事情多麼微不足道，如果你能對周圍的人多付出一點關心，你在他們心中的份量將會更特別。

記住名字

人類就像氣球，當每一次聽到或看到自己的名字時，就像氣球被灌了一次氣。這會使氣球漸漸膨脹起來，擁有更大的力量起飛，並飛得更遠。

喊別人的名字！他們會覺得這是最悅耳的聲音，就好像珍珠落到手掌中一樣。你可以一再地使用這個工具，別人永遠不會厭倦。這還可以削弱人與人之間的敵對和仇視，並緩和彼此意見的對立。但如何記住別人的名字呢？大多數人都知道，記住別人的名字是非常重要的，但是他們總會說：「我的記憶力很差，我實在記不得那麼多名字。」

其實他們錯了，每個人都有很好的記性，只是他們不懂得運用罷了。這裡提供 5 個簡單的原則，教導你運用你的記性去牢記別人的名字。

第一，開始對自己說：「我有世界上最好的記性，可以牢記很多名字！」不要老是告訴自己你記不得別人的名字。不要害怕你會忘記，也不要害怕你會叫錯別人的名字。只要你消除心中對名字的猶疑和恐懼，你就能發揮記憶的能力。

第二，你想要記住很多名字嗎？如果有人告訴你，每記得一個人的名字就給你 100 美元，你會覺得很困難嗎？你可能會迫不及待的查出你所遇見每個陌生人的名字，並牢牢記住以便獲得賞金！

第三，問清楚正確的名字。別人會很樂意聽到你提出如下的問題：

「可否請你再說一遍你的名字？」

「你的名字怎麼寫？」

「你的名字我叫得對不對？」

請記住，別人的名字永遠是最好聽的！你儘管叫他的名字！不要不好意思問清楚別人的名字。

第四，馬上重複唸 3 次這個人的名字。在第一個小時內，就可以測驗出你是否記得它。當你聽到一個名字時，馬上至少重複唸 3 次以便加深印象，然後盡可能將它和你熟悉的影像或事物聯想在一起。凡是你和這個人相遇的地方、和這個名字有關的事物、和你心中對這個名字的「影像」，都能幫助你記得一個人的名字。

第五，把它寫下來：睡覺之前，你不妨將今天你所遇見的新面孔之名字寫下來。如果你有日記簿，不妨將這些名字摘記在上面。你最好將自己所認識的團體建一個檔案，然後將名字

分類記在檔案上。每次當你要參加任何一個團體的活動之前，就先快速的複習一下他們的名字。這麼一來，你當然會漸漸熟悉這個人，進而容易記得他的名字。

可能在你所認識的人之中，由於工作關係，他們大多必須不斷認識很多新的人，而他們也都有上述這套技巧。因為他們知道記得別人的名字是很重要的，他們知道多花一點心思去多記幾個名字，便可以使別人覺得與眾不同。

共同的記憶

如果有一天，你聽到下列的話：「你可能不記得 15 年前曾一起吃過午餐，但是我記得當時你問我快不快樂，問我當時所做的事，是不是我真的想做的事。那一頓午餐之後，我開始思索我的人生方向。」

聽了這些話之後，會使你當天的心情都特別舒暢。有人記得你的話！你 15 年前所說的話竟然還有人記得，豈不令人愉快。

這類記憶對別人是非常有意義的，生日、紀念日、節日都是寄卡片給朋友的最適當時機。因為當你接到信，知道有人還記得你、想著你時，你一定會很高興。不過，真正使你感到震撼的是：當別人告訴你，你無意間所做的事或所說的話，已在他們的記憶中生根了。

「我上次碰到你時，你在玻璃瓶裡造了一條小船。那是怎麼做的啊？」

「你毛線衣打好了沒有啊？」

「你提醒我要寫感謝信給客戶，這已經是 8 年前的事了。」

「你還會想起一起晚間上課的情形嗎？一年前你還曾提起過呢？」

「我還記得那天晚上曾一起在夜市吃東西的情形，當時你穿了一件我最喜歡的灰褐色套裝。」

好動人的記憶之聲！這點點滴滴的前塵往事，竟牢牢存在於某人的記憶架上！真高興這個人提起這些往事！

除了這個方法之外，當然還有很多認識別人、安慰別人的方法。總之，你最好記得每個你所遇見的人之個別特點和長處。你也許永遠不會知道，當你使別人覺得備受重視時，這種衝擊對他們是相當大的。

每一個和你針鋒相對的人，都值得你付出更多的關注，而不要只是注意那些專門懂得迎合你的人。所有的人都是美麗的、特別的，你不妨試著讓他們也都有這種感覺。

凡是為你端咖啡的餐廳服務員、電梯服務員、公司職員、老闆、隔壁鄰居、街上和你擦肩而過的陌生人、為你提行李的侍者、大廈管理員、報童、老師、碼頭工人、郵差，所有和你萍水相逢，走進你生命中的短暫過客，他們都值得你用心關照，讓他們覺得自己是重要的。

如果你能做到這一點，你的快樂是可想而知的。因為你為別人所付出的，他們也會回報給你！

 從激勵開發潛力

不同的人需要用不同的方法去激勵，雖然如此，所獲得的正面效果卻一樣，目的都是要開發個人的情緒潛力。標準石油公司主席弗蘭克・普賴爾（Preyer）認為，沒有一種單一的技巧或方法，可以激起所有人的積極性，他說：「有些人你要對他們微笑，有些人則給他們提建議，另外一些人是要用痛罵的。你們跟他們打交道時，原則上是要把他們當作個別的人區別對待。不然，他們會默默地造反。」

無論你採用哪種方法去激起人的積極性，都不如榜樣的力量更能激勵人。結果反應，要影響別人，榜樣不僅是主要的東西，而且是唯一的東西。

喬治・華盛頓（George Washington）是美國革命時期的總司令，又是美國的第一任總統，他就是一個用榜樣來激起別人積極性的大師。美國內戰時期，有一天華盛頓騎馬經過一隊士兵面前，他們正在設法把一根大樑放到屋頂上去。班長拚命喊，鼓舞士氣，但都沒有用。華盛頓問他為什麼不加入他們，出一點力。

那個班長脫口而出回答：「難道你看不出我是班長嗎？」

華盛頓禮貌地說：「對不起，班長先生，我沒有看到。」

隨後，華盛頓下馬跟那些士兵一起做，直到把那根大樑放上去為止。他擦了一下汗說：「如果你們以後需要幫忙，隨時來找你們的總司令華盛頓，我一定會來。」

在一切能激起人的積極性因素中，領袖人物的帶頭作用是最重要的。但有時你還需要再提供一樣東西，也就是要透過提起別人的興趣來激起其積極性，目標都是一樣的：使別人致力於以某一方式行動或思考。

有一點很重要，應該注意到，說服他人行動起來，可以是激起他人的積極性，也可以是操縱他人。究竟是哪一種，要看勸說者的意圖。當他為個人利益鼓動別人時，那是操縱別人；當他為共同利益鼓勵別人與自己一起行動時，那就是激起積極性。你永遠應該激起別人的積極性，而不是操縱別人。

誘導

利用誘導激勵他人，比強制好得多。強迫被激勵者做事不是好辦法，效果絕對比不上誘導。請求比命令更容易達到目的。

某紡織廠工作效率很低，雖然按件計酬，產量就是無法提高。經理嘗試用威脅、強迫的方式影響員工，但仍然無效。老闆於是請了一位專家來處理這個問題。專家將員工分為兩組：告訴第一組員工，如果他們的產量達不到要求會被開除；告訴第二組員工，他們的工作有問題，他要求每個人幫忙找出問題在哪裡。

結果第一組員工的產量不斷下降，當壓力升高時，有的員工索性辭職不做了；第二組員工的士氣卻很快提高，他們依照自己的方式去做，負起增加產量的全部責任。由於齊心協力，經常有創新，單單第一個月，產量就提高了 20%。這種效果完

全是誘導造成的。

　　對待子女和學生的道理也一樣，強迫的效果總是很差。往往你強迫他往東，他卻偏偏往西。媽媽說：「小強，如果你在晚餐前不將房間清理好，晚上不准吃飯。」小強會不高興，也可能東摸摸西弄弄，到了吃晚餐的時候，仍然沒有清理房間。母親該怎麼辦？是不准小強用餐？還是就算了？

　　只有誘導才能有效激勵被激勵者，利用地位的影響力不會持久，唯有出自真誠的愛、仁慈、謙恭、說服、溫柔，這些影響力才會持久。

讓人獲得成就

　　人人都喜歡獲得成就。一位心理學教授曾做過一個實驗，要證實成果對人們的重要程度。他僱了一名伐木工人，要他用斧頭的背來砍一根圓木。教授告訴伐木工，工作的時間照舊，但報酬加倍。他唯一的任務是要用斧頭砍那圓木。做了半天之後，伐木工不做了，他說：「我要看著木片飛出來才有動力啊！」

　　你周圍的人也是這樣，他們看到成果就會感到滿足，這是許多人工作的動力。汽車工人喜歡看著裝配好的汽車準備開出去；大廚師想憑他的手藝使宴會成功；維修飛機的技術人員看著飛機飛上天空，就獲得最大的滿足。

　　如果你要激勵人們——特別是負責大工程的某個部門的人——你就要用工作成果來使他們精神有所收穫。讓他們看到成品，讓他們知道他們的貢獻在整個工程中的作用，讓他們懂得

他們工作的重要性，這對他們是個鼓舞。

信賴

　　人們都會覺得自己是重要的，他們希望別人需要自己。要激勵人們，有個辦法是讓他們知道你信賴他們、關心他們。告訴他們，你認為他們有潛能，可以承擔他們想擔當的角色。給他們希望，讓他們看見他們有可能達到的光輝未來。

　　你怎麼看一個人，這個人就會怎樣表現，他們的積極性就會有多高。如果你把他看成是一個會出問題的人，他就會出問題；如果你認為他會成功，他就會成功。

　　在推銷工作中，最常用以吸引別人興趣的東西，就是好處。好處可以是任何東西，如感情上的、金錢上的、智力上的、身體上的。你可以勸說一個人存款或投資，以便在退休時經濟上有所保障；你可以說服一個人買一件衣服，因為這件衣服能使他自我感覺良好。可以這樣說，只要能說得出好處，你可以用任何理由勸說別人做任何事。

　　這裡還要提醒你一句，絕對不應只談某物對你自己的好處，而企圖引起別人興趣，沒有什麼比這更快地使人失去興趣。如果對你和別人都有好處，別人是會高興的。但大體上，人們真正關心的是：「這對我有什麼好處！」

　　你如果大談對你的好處而想吸引別人，對方會感到被冒犯、被操縱。

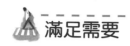 滿足需要

1. 提了建議得不到表揚。

2. 提出投訴沒有獲得改正。

3. 不鼓勵工人。

4. 當著別人的面批評員工。

5. 不徵求員工意見。

請注意，上述的每一項都與不承認員工的重要性有關。不尊重員工的工作這一條即是說：「你無關緊要，你的投訴不值得費神處理。」

有些人會到非洲探險，也有些人會發明創造，沒有人願意停在原地不動，每個人都會追求新的、更好的東西，因為慾望是人類最大的特點之一。

在提到人的需要時，你在探索一種普天之下處處存在的東西，探索每個人都有的人類特點。你的需要產生了歷史上一些最崇高、最輝煌的成就。

善用機遇

環境有時候能激起別人積極性的機會。某 A 市的職業橄欖球隊前去參加被稱為「超級杯」的錦標賽；這是個大好機會，因為 A 市隊在歷史上從來與這項比賽無緣。

A 市的人簡直瘋了！電視台、電台節目頻頻報導橄欖球隊和他們取得的勝利。人們似乎不談話則已，一談話就會談到橄欖球員和教練。他們的隊旗和隊徽隨處可見——在鬧市的大廈

外牆上、在住宅屋頂、在餐館裡面。這支球隊令人振奮，也把人們的積極性都激發起來了。人們紛紛購買這個隊的紀念品，舉行慶祝聚會，而且打破常規，跟不相識的人大談橄欖球。這件事使人人都行動起來。

像這樣的場合能給你前所未有的，激起別人積極性之機會。有時候，你不必直接利用一件大事本身，你只要用這件事帶來的衝勁就能激勵人們。

有時候在某一場合本身就能激勵人，簡單得就像朋友的生日能把你和一班夥伴動員起來，並給壽星準備點好東西。或者，你也可以趁慶祝新年的機會激勵自己節食減肥。場合本身並不重要，重要的是你怎樣看待這個場合和怎樣利用這個場合作為一種精神力量。

最持久的吸引力涉及人的永恆價值觀念——信念。當你認定自己的行為或承諾是正確的，這個信念就會激發，更重要的是要維持你的積極性。

信念不但因人而異，而且因社會而異。如果你想用一個人的信念來激發他人的積極性，你必須考慮到他人的民族或所屬社區、宗教信仰、階級或社會經濟群體、教養、家庭背景、文化等。要激發一個與自己有著相同信念的人之積極性是易如反掌的事。所謂相同，或者是你和他的信念本來就一樣，或者是你幫助他樹立起跟你相近的信念。

歸屬感

許多年以前，羅賓斯遜（H. A. Robinson）創下了新的一

頁，他加入了布魯克林道奇隊（現在稱為洛杉磯道奇隊），成為首位打進大聯盟的黑人棒球選手。那時道奇隊的老闆他告訴羅賓斯遜：「你在這兒一定不會好受，你會受到連做夢都想不到的辱罵。但，如果你願意試一試，我一定支持到底。」

羅賓斯遜不斷遭受言語與肢體上的羞辱，特別是當敵隊跑者滑進他守備的二壘位置時，一定不忘羞辱他一番。他經常受到種族歧視，多如彈雨般的侮辱，來自於群眾、聯盟中的別隊球員，甚至也來自他的隊友。

有一天，羅賓斯遜在場上的處境顯得特別艱難，他漏接了兩次滾地球，一陣噓聲像瀑布般從觀眾席上直瀉而下。這時，道奇隊的游擊手兼隊長在成千觀眾的緊緊注視下，叫了暫停。他看看觀眾，然後走到羅賓斯遜身邊，說：「別擔心，夥伴，你是個真正的職業球員。一切很快就會好轉了，相信我的話。」

當然，羅賓斯遜後來成為大聯盟的球員中最傑出的一位。多年後，對那回在二壘上的短暫談話，他的反應是：「瑞斯使我有歸屬感。在那個關鍵時刻，拯救了我的棒球生涯。」

似乎如此輕而易舉，不是嗎？主管和經理希望得到屬下的尊敬——但他們應該盼望的，是使屬下自我尊重。父母想得到孩子的崇敬與愛慕，他們真正該期望的是，使孩子對自己感覺舒適，對自己深具信心。

成為一個球隊、公司或家庭的新成員，不是件容易的事。自覺像個無用的備胎，總是讓人不舒服。作為領導者，要很敏銳的找出機會，向那些感覺疏離的人表示歡迎。要去接納和你

共同工作與共同生活的人，和你之間的不同處，並且在下判斷之前，先聽聽其他人的意見。真正的領導者懂得欣賞個人的差異，發現差異中的價值，以促進全體的利益。

在歸屬感上，以愛的激勵最有效。一位新婚不久的新娘就曾經用愛激勵過她那在災禍中垂死的丈夫。

那是在 1967 年的 11 月，西德南部的一個煤礦坑發生坍塌事故，有 13 個人被埋在坑道裡，礦工家屬們擁擠的在礦坑口喊叫著：「我丈夫怎麼樣啊？」「我父親還活著吧？快點救呀！」

這些母親、妻子、兒女、兄弟姐妹，他們都誠懇地向上帝禱告：「救救我們的親人吧！」他們哭喊著，對正在進行的救助工作投注以全部希望。

這時，救助隊傳來消息：「13 個人中有 12 名平安無事，有 12 個人平安無事啦！」

接著，他唸出了一個又一個人的名字。家屬們都鬆了一口氣：「啊，這可太好啦！」

可是某位青年礦在倖存者的名單中卻沒有被唸到。他那年輕的妻子叫著，嘴唇顫抖，強忍悲痛。

「我丈夫布列希特不行了嗎？」

「不，還不能這麼說：呼喊他的名字，沒得到回答。還不知道在什麼地方，所以，情況還沒最後弄清，請不要灰心，直到最後也要把他救出來。」

救助隊隊長眼看這位剛剛結婚的新娘，憐憫之情油然而生：「我相信布列希特一定活著，無論如何也要把他救出

來！」

　　這位少婦兩個盈滿淚水的大眼睛裡，透出一種強烈的願望，充滿了對救助隊長的哀求之意。她堅定的相信丈夫還活著，便把全部思念之情傾注在坑道裡的丈夫身上。她對著地下坑道喊著：「你要振作精神活下去呀，為了你和我，你不能死。他們一定會救出你的。」

　　這位布列希特，在礦坑塌陷的一霎那間，倉皇逃跑弄錯了方向，和其他人失散了。所以獨自一人被埋在坑道間隙的一小塊場地裡，加上被隔離的地方與地面救助隊相距很遠，所以，他就像深鎖在孤獨的密室裡一樣，與外界完全斷絕了。他在600公尺的地下，強忍著飢餓和陰暗環境的恐怖。

　　事故發生後，已經過了整整13個小時之久。突然，在他耳邊出現了他妻子的聲音，雖然聲音很小，但還能依稀可辨。

　　「你要挺住！要活下去！他們一定會救出你的！」

　　啊！這是多麼清晰而親切的聲音，愛人在呼喚著自己！我不能死，要活下去！布列希特深鎖在黑暗塌坑裡，一直用妻子的鼓勵支撐著他那即將衰竭的氣力。他的妻子在坑外心急如焚。她不斷地向地下的丈夫呼叫，她堅定地相信，自己的聲音一定能傳給坑道內的丈夫。

　　搶救工作格外困難。只剩下布列希特一個人？到了第 6天，奇蹟出現了：他被救出來時仍然活著。

　　「我能在黑暗的礦坑裡活到現在，全靠妻子的鼓勵。」青年礦工以充滿對心愛妻子的感激之情向人們訴說著。

　　布列希特的故事顯示，以愛心發揮情緒激勵作用的偉大潛力：一個人在 600 公尺底下的礦坑，在經過 6 天之後，還能活著。比起布列希特的案例，我們包括你、我，還有什麼更大的難題不能克服？

　　在人生的道路上，我們常常會遇到一些困難，因此，也就應該增加我們應付困境能力的培養。首先，要有遠大的理想和抱負，這樣，在困境面前才會不氣餒、不退縮，把困境當做是對自己的一種鍛鍊、一種考驗。

　　其次，在遭遇困境時，堅強的信念能鼓勵我們拿出最大的勇氣，以最佳的狀態去面對它。自信能激勵我們擺脫逆境，走向成功。

　　第三，要有堅強的意志品質。有了堅強的意志，就能按照理智的要求，控制自己，使自己保持冷靜的頭腦，應付生活中的困境，同時也增強了自己的忍耐力。

　　最後，我們要善於從平常的一些事情中，累積經驗、吸取教訓。這樣在面對困難時，才能夠做到從容不迫。有研究指出，年紀愈大的人，面對困境更容易保持鎮定，因為他們的實踐經驗更豐富。

　　總之，要相信你的情緒潛能是無限的，並積極尋求助力，以便更有效地掌握和開發這個潛力！

　　記得被世人尊稱為非洲之父的史懷哲（Albert Schweitzer）醫師曾經說過一句智慧的話：「我們的火焰放射光明，但點燃它的，卻是他人的火苗。我們每一個人都應該感謝那點燃亮光的人。」

第十三章

美好的人生

　　有這樣一句話說：「不管你是男人或是女人、年輕人或是老年人，經常指揮你行動的不是你的頭腦，而是你的心情。」

　　換句話說，陪伴著你生活的不是你的成就，而是從成就所反應出來的喜悅心境。事實上，你的行為是痛苦或快樂的直接反應，跟理智沒有太大的關係。比如理智告訴你，巧克力吃多了對身體不好，可是你還是猛吃，為什麼呢？

　　因為你的行為並不太受理智的約束，而是受制於神經系統對於痛苦或快樂的直接影響，這就是所謂的「神經鏈」作用，它決定了你該怎麼做。因此，雖然你相信做事應該憑理智，然而從絕大部分的例子來看，你是受控於情緒，它首先決定了你做事的想法，然後要求你採取必要的行動來配合。

　　許多時候你希望能不受情緒所支配，就像是節食對胖子身體有益，可是就是有很多人做不到，因為他們覺得那樣很痛苦。所以你若是想解決一個問題，卻不能針對造成這個問題的原因來處理，就一定不會有效。什麼原因？那就是處理痛苦或快樂的情緒，你若不能把痛苦套在舊的習慣上，並把快樂套在

新的行為上，那麼任何的改變就不能持久。

請別忘了，你想逃避痛苦的意願遠大於得到快樂，就像是單憑意志節食，只能產生一時的效果，但為了要得到美好身材的快樂，卻遠不如忍受不吃食物這種痛苦。要想能持之以恆的節食，你必須把痛苦套在愛吃高熱量及高脂肪的行為上，使得以後再也不敢多吃，同時把快樂套在吃營養食物上，那些身材適中且身體健康的人，就是因為堅信食物味道再好也不如身材好，因而「喜歡」進食有營養的食物。

我們可以說：「只要能把痛苦或快樂跟任何事物連接在一起，你就可以很快地改變自己的想法、情緒或習慣。」

再就以戒菸為例，你得把痛苦套在抽菸上才可能戒菸成功。事實上，把快樂套在戒菸上，這件事你絕對有能力做到，可是由於你長期把快樂套在抽菸行為上，以致於一談到要戒菸時便會覺得痛苦，因而戒菸難有成效。

然而，你若是跟那些戒掉菸癮的人一談，便會曉得抽菸的行為，其實是可以在一天之內就戒除，只要你能實實在在地改變抽菸的意義，讓它不再是一種快樂，而是一種痛苦。

第一節　情緒與日常生活

心情決定生活品質

快樂是一天，不快樂也是一天。我們每天所要面對的事，都會透過選擇來決定事情的圓滿順利與否。有很多線公車都可

以載我們到目的地，但是先來的車上擠滿乘客，一定沒有座位，但下一班車又不知道何時會來，如果我們想：反正座位又不算很舒適，然後還要隨時注意要不要讓位給老弱婦孺，而且到了辦公室又要坐上一整天，所以站著也很好，也可以活動筋骨；如此，就不會在上班之前，擁有壞心情。接著，上了車之後，被別的乘客踩了一腳，又看到另一台載很少乘客的公車，從車旁呼嘯而過，車子因為下車的乘客太多，每站都停，結果上班遲到，在這個時候，要有好心情，可能就得要好好調整了。每天都會有類似的情形會讓我們陷入不好的情緒，其實，這些生活的小細節，我們都要看淡它，否則，每天都要為這些小事而對生活的其他大部分感覺都是那麼不如意。你可以準備一本書或 mp3，提早出門，然後在擁擠的車廂看書或聽音樂，很從容的抵達辦公室，基本上就是讓時間掌握在自己，而不是讓時間來控制自己。

快樂的感覺

現代都市生活都很緊張，我們可以試著回想，除了看喜劇電影或電視時，何時我們會開懷大笑？何時能心想事成？或者，自問什麼是快樂？一天有 24 小時，一天吃三餐，會遇見哪些人？做哪些事？跟誰講電話？看過那些電子郵件？有些是必要做的，有些是例行性的，最讓自己快樂的會是什麼？有的人跟朋友聊天會很快樂，有的人跟別人聚餐會很快樂，聽音樂、看小說、逛街等等也可以很快樂。不過，通常快樂是一種感覺，也比較自我一點，與別人同享快樂當然很好，但自得其樂

才是最高境界。

很多人說富有的人不一定快樂，窮人不一定不快樂。有錢只代表購買力較強，但世界上有太多東西，是金錢買不到的，快樂買得到嗎？友誼買得到嗎？親情買得到嗎？也許吃到美食，跟同事打賭贏得免費午餐，會更快樂。

現代人生活緊張忙碌，很多人一定會懷念鄉村生活，追求大自然帶給自己的快樂；所以，有些人會在事業的巔峰，突然放棄高薪，投入鄉村生活。因為，當有了錢之後，就會想要享受，但又因為科技進步，所以，即使到國外旅遊，仍然會被公司或客戶追進度，結果在旅行途中，也要時時注意有無電子郵件，以免辜負了公司與客戶的期待；原本休閒是生活的一部分，結果卻成了奢侈品。而現在的鄉村，在物質上並不缺乏，但可以享受到時間上的自由與簡單的快樂。

很多人常常不知道快樂就在當下，而去找刺激找快樂，卻忘了種植花草、調整生活，或與親友聯誼，帶來的快樂可能更多。另外，運動也可以使你精神煥發，比較快樂有自信，例如：把車停在距離公司稍遠的地方，然後走路上班，除了能夠節能減碳以外，又可以運動鍛鍊身體，想到可以健康又可以節省油錢，不也是一種快樂？科學家說我們天生就是喜歡快樂，快樂會加強免疫系統功能，會讓人比較不易生病。

很快樂與普通快樂，偶爾快樂跟經常快樂，我們可以自己做個簡單的紀錄，應該是經常普通快樂的感覺大於偶爾很快樂的感覺。所以，不要尋求很強烈的快樂，其實每天在我們身邊，都有許多快樂的小事讓我們高興快樂，你可以聞花香、品

嚐美食、與老友通信等等。

最重要的是，請常想自己是快樂的。

第二節　痛苦與快樂是可以選擇的

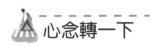

心念轉一下

生活中的每一件事，不可能事事都如意與順利。在生產線上，有沒有可能從開始生產都按照設計好的流程，產品就誕生出來？不會的，零件要符合規格，作業員的動作也要正確，如果生產的效率不能達成目標，身為幹部的人，是要去責備作業員？或是抱怨零件廠商的品質？其實應該要這樣想：老闆請我來就是要解決問題的，否則流程如果都這麼順利，那還需要我這個幹部嗎？

騎機車上班的人，最不喜歡遇到下雨天。但是，不下雨的話，我們就沒水喝，農夫就沒水灌溉，很多工廠就無法生產物品，而賣雨具的店家可以多做些生意。生活就是品味各種過程，只要把雨衣、雨鞋穿好，小心騎車，多一點時間還是一樣可以到達目的地。

生活得愈簡單，心情放輕鬆，就不易陷入不快樂的情境，不鑽牛角尖，轉個彎就是海闊天空。

付出是收穫

為人父母者在被問到生養孩子會不會辛苦？大部分都會露

出笑容說：「不會啊！」為什麼？

你問從事志工或義工的人，做得累不累？他會擦擦汗說：「不會啊！」為什麼？

你問正在追女朋友的男士，送往迎來會不會覺得無聊？他會看一下手錶說：「不會啊！」為什麼？

因為，他們的付出都有無形的收穫與期待。父母親期望從己出的兒女能夠健康長大，讓家庭的延續有希望；當然，也希望自己年老之際，可以接受子女的孝順與供養。

因為自己無私的付出，會得到被幫助的人感恩，或讓社會更詳和更美滿，俗話說：「助人為快樂之本」。平常，上班賺薪水是一種雇主與自己的契約關係，工作表現好，老闆幫你加薪，給你紅利；而做志工義工卻是只有付出，不求實質的回報，不但被幫助的人受惠，自己更證明了自己有能力幫助別人。

尋找愛的對象是很自然的，在追求的過程中，不管酸甜苦辣，只想獲得對方的芳心，那種滋味只有當事人才能充分體會。當抱得美人歸的時候，一切的付出都是值得的。

所以，我們可以看得出來，當我們無所求的付出時，得到的也特別多，也更特別充實與甜蜜。

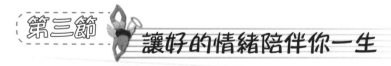

第三節　讓好的情緒陪伴你一生

簡單的練習

下面有五個步驟，希望你能夠馬上著手進行。

第一、用筆寫下「4 個」已經拖延時日，但應該馬上拿出來的行動。也許是減肥計畫、加強功課、跟已經絕交的好友重歸於好，或者重新聯絡一位老朋友。

第二、在這 4 個行動之下各寫出這些問題：為什麼我先前沒有行動？是不是當時有什麼困難？回答這些問題有助於你認識躊躇不前的原因，是不是跟去做的痛苦有關，因而寧可拖延？如果你認為這跟痛苦無關的話，那麼不妨再多想一想，或許是這個痛苦在你眼裡微不足道，以致於並不認為那是痛苦了。

第三、寫下使你拖延那 4 個行動而覺得快樂的理由。比如說，你認為應該減肥，那麼為什麼又吃下三個漢堡、一大包薯條和半打可樂呢？是不是你覺得無法做到為了減肥而必須忍受少吃的痛苦，而吃這麼多高熱量及高脂肪的食物的確能使你快樂，以致你遲遲拿不出行動？你若是希望能有長期持久的改變，那麼就得找出能使你快樂而不會有相反效果的新方法，這樣也才能使你明白什麼才是你追求的目標。

第四、寫下如果你不馬上改變會造成的後果。如果你不停止再吃那麼多的糖份和脂肪，會怎麼樣？如果你不停止抽菸，後果會如何？如果你不打那通應該打的電話，會怎麼樣？如果你不每天運動的話，對健康會有何種影響？2 年、3 年、4 年及 5 年後會生出什麼樣的毛病？如果你不改變的話，在人際關係上得付出什麼樣的代價？在自我形象上會付出什麼樣的代價？在錢財上會付出什麼樣的代價？對這些問題你要怎麼回答呢？

可別只是說：「我得破點財」或「我會變胖」，這種回答

是不夠的，你得找出能使你感到痛苦的答案，那麼這時痛苦便會成為你的朋友，幫助你推向另一層次的人生。

第五、寫下那 4 個行動的所有快樂。你要寫得愈多愈好，這樣才會鼓起你的勁，想掌握自己的人生，這時你可能會很興奮地說道：「我將能掌握自己的人生了，我將對自己更有自信了，我將會更健康，我的人際關係將更好，我在各方面將會做得更好，我的人生從現在開始將會比以前更好，並且一直延續到 2 年、3 年、5 年，乃至 10 年之後，只要我真的採取行動，就必然能實現所做的夢。」

這張表你要儘量地把一切有關目前及未來的正面效果都寫上去。

拿破倫‧希爾建議你馬上花點時間來做這個練習，這將有助於提高你用心去看這本書的興趣。人生短暫，不容蹉跎，你在人生中真正能抓住的時間就是現在，就是今天，把這個練習仔細地做一做，必能讓你了解痛苦和快樂對你人生所能造成的影響。切記，痛苦和快樂對於你人生的塑造，居於關鍵地位，然而你也可以利用這股力量來改變你的行動和命運。

從現在開始

人生就是由不斷地面對挑戰和戰勝挑戰的幸福構成的。每個人都是在面對矛盾和解決矛盾中度過一生的。有人生就有壓力，一方面對於人類的惰性來說，壓力是一劑催人前進的良藥。沒有壓力的生活平淡如水，就不會有成功。我們應充分認識到挫折壓力的雙重性，它可以產生痛苦與情緒紊亂，甚至導

致悲觀厭世以及種種疾病。另一方面，挫折壓力也可以幫助人們總結經驗教訓，增長解決問題的能力，使人變得更聰明、更堅強，也成熟得更快。所以，我們應以樂觀的態度對待生活中的壓力，同時對此也要有一定的心理準備。

再從適應的角度來說，中等壓力的生活有利於身體和心理上的平衡。「過猶不及」，過高或過低的壓力都不利於人類對環境的適應。眾所周知，生活壓力與心臟病的發病率有明顯的關係。《禮記》講得好：「一張一弛，文武之道。」

在學習或工作生活的安排上要鬆緊相宜，既要有高效率和緊張的學習，又要會放開享受和娛樂。上課或工作時，集中思想，開動腦筋；課餘時，放開自我，鍛煉身體，結識朋友。而不是明天考試了，今夜才臨時抱佛腳，熬個通宵，也不會平時不考試，就天天玩樂。例如：英國首相邱吉爾當年日理萬機，仍然給自己立下「一閒對百忙」的信條。抽空下下圍棋，學一點繪畫，垂釣柳蔭池邊，聽聽音樂……等，都能使緊張的思維和肌肉得到休息，獲得心情的陶冶和心靈的安寧。

在生活中，你所設置的目標愈高，而又因能力所限無法實現時，所遭受的打擊就愈大，挫折感也就愈重。由於青年人正值精力充沛、朝氣蓬勃的青春年華，對生活充滿幻想，對學習和將來的工作懷有較高的期望和要求。但同時對生活中的坎坷估計不足，對自己的能力和知識水準缺乏全面認識，所以應根據自己的實際情況來確立具體而可行的奮鬥目標，保持中等的自我期望水準，不要過高也不要過低地估計自己。當你解決了當下的問題後，才能去面對新的、較難的挑戰。你不可能跨越

中間的一系列問題，就直接面對高層次的問題，而不遭遇挫折。

如果覺得自己的目標是合理的，那麼就要在理解問題情境的前提下，尋求有效的解決途徑。當某一動機或行為一再嘗試後，仍未達到目標時，就應學會調整目標或改變行為的方向。

除了課堂或工作上所吸收的知識與經驗外，要學會從其他的地方汲取知識。平時，你可以順道逛逛書店，看看精彩的電影，有興趣去聽聽音樂，參觀美術展覽，讀讀書報，這些都有利於你的知識積累。

儘量使自己多和同學、夥伴在一起，與他們共同學習、討論、遊戲，有什麼心事儘量向他們吐露，從孤獨、煩惱中走出來。也要多與長輩或專家們溝通，對於他們的話要聽進去，然後再去品味，從中你會發現許多經驗之談。因為他們也曾年輕過，也有過與你相似的心態。你與成年人之間通過溝通，會使自己走出灰暗的心理陰影。

理想不是輕而易舉就能實現的，需要透過長期的努力才能實現。「千里之行，始於足下」，一旦確定了自己的理想和目標，在執行決定的道路上，不論遇到什麼艱難險阻，都能百折不撓、堅定不移，不輕易放棄自己的目標，做到勝不驕、敗不餒。相信萬丈高樓也是一磚一瓦建起來的，腳踏實地和勤奮正是成功的關鍵。

當你發展自我意識的潛力同時，要特別注意培養和提高自我認識、自我檢查、自我監督、自我評價、自我命令、自我鼓勵等能力。例如：經常用榜樣、名言、格言來檢查自己、激勵

自己；經常與先進人物進行比較，明確差距，奮起直追，迎頭趕上；加強紀律性，自覺遵守各項規章制度，嚴格執行各項計畫；堅持寫日記，經常檢查自我、發揚優點、克服缺點等。

最後，勇敢者要對未來抱有堅定的希望，敢於正視困難，不指望投機取巧的僥倖，能認真地對待每一次挑戰，把挑戰當作通往成功的起點。勇敢者不會逃避，不會推卸責任，哪怕是前面危機四伏，只要有一絲陽光，也要以百倍的努力去爭取，對未來始終抱持希望。

卡耐基曾經說過一句耐人尋味的話：「我寧願把自信和勇氣傳給我的子女，而不是留下百萬元的財產。」

如果你去看你害怕的事物，去聽你害怕聽見的聲音，去做你害怕做的事，在恐懼中積累經驗，從而可以消除恐懼。如果你只坐在那兒逃避，只能自己騙自己，只會一事無成，也永遠不能培養出勇氣。

勇氣並不等於你的膽量，甚至也不等於你的氣魄。勇氣是你博大的胸懷，是你卓越的預測力，是你的自信和你對未來的希望。只有堅定的自信和執著的希望，才能擁有無比的勇氣。

一個人如果對目前的生活不滿意，即使有健康的身體和萬貫家財，也不會感到生活的喜悅。現代人的生活壓力比較大，加上隨著外在環境的挑戰，情緒不穩定，比較容易對自己懷有不滿情緒。要擺脫這種不滿情緒，使自己的生活、學習得充實，應進行積極的調適。

羅曼·羅蘭（Romain Rolland）說過：「有了朋友，生命才顯得出它全部的價值。」巴金也在《一顆紅心》中說過：

「友情在我過去的生活裡就像一盞明燈，照亮了我的靈魂，使我的生存有了一點點光彩。」一個人活著是為了朋友；保持自己生命的完整，不受時間侵蝕，也是為了朋友。

你可以將內心的狐疑、不滿向朋友傾訴，聽聽朋友的意見。若你的認識是因為迷惑而誇大了事實，可以從朋友那裡得到校正；若你的不滿是正確的，則可以在向朋友的發洩情緒中得到緩解。不要由於別人在背後說了自己的壞話，從此埋下怨恨的種子，以眼還眼、以牙還牙；應該拿出豁達的度量，主動表示友好。不要一味地孤芳自賞，而用孤傲於世的處世態度，這會使你覺得人世的一切是多麼無聊，多麼令人厭倦。

在《生活的藝術》一書中，林語堂曾說過：「我們一生的享受包括許多東西：本身的享受，家庭生活的享受，樹木、花朵、雲霞、溪流、瀑布，以及大自然的形形色色，都足以稱為享受，此外還有詩歌、藝術、沉思、友情、談天、讀書等的享受，後者的這些都是心靈交流的不同表現。」

在學習或工作之餘，你也可以適當地培養些愛好。例如：可以根據自己的愛好，選擇一、二種東西收藏。收藏是一種很好的娛樂活動和休息，比較大眾化的是郵票與電話卡之類。利用休假日，可以到風景如畫的田野山河去呼吸一下新鮮空氣，不但可以增強體質，改善大腦的血液循環，還可以培養健康樂觀的情緒。

業餘愛好是很重要的，但千萬不要捨本逐末，應該將它作為增長知識的輔助途徑，使自己投入到積極的學習活動中去。

為自己找到一個切實的目標，在短期內讓自己忙起來、充

實起來。如果你定的目標好高騖遠，這是毫無價值的。例如：「我要一天要背 100 個英文單字」，其實一天能堅持背 10 個就很好了；「我要每個科目都考滿分」，這個要求也太苛刻了。以上這些目標只能使你進入漫無目標的狀態，不如為自己訂一些切實可行的、有助於發揮自己能力的目標。例如：「每月讀一本新奇的書」，讀一本書是個不難達到的目標，但只要真正去讀、去體會，你會漸漸養成一種學習的好習慣。「每週改善一次生活」，生活有多種改善方法，不光是買點好吃的，還可以做一些新穎的、有意義的事。

當你對某種事物發生濃厚的穩定興趣時，才能積極地思索，大膽地探索其本質，並使其整個心理活動積極化，積極主動地去感知有關的事物，對事物的觀察變得比較敏銳，邏輯記憶加強，想像力豐富，情緒比較高張，克服困難的意志力也會增強。

莎士比亞（William Shakespeare）說過：「書籍是全世界的營養品。生活裡沒有書籍，就好像沒有陽光，智慧裡沒有書籍，就好像鳥兒沒有翅膀。」

如果你的興趣比較廣泛卻難以集中，什麼都想學，就要確立主要的方向，引導自己向某一個中心興趣的方向發展。如果你是那種把興趣停留在口頭的人，就要努力把興趣變為動力，積極主動地為感興趣的內容付諸於實際行動。如果你很容易對某個事物發生興趣卻難以堅持，就要培養自己的堅持性。

但願讀者，你：

擁有美好的情境陪伴你一生！

測 驗：你知道自己的情緒感受力嗎？

請對下列題目，作出「是」或「否」的回答。

□是　□否　1.如果現在就去睡，你是否擔心自己會睡不著？

□是　□否　2.你是否喜歡冒險和刺激？

□是　□否　3.你是否認為你受到的挫折與其他人相比，根本算不了什麼？

□是　□否　4.你認為自己是個弱者嗎？

□是　□否　5.生病時你依舊樂觀嗎？

□是　□否　6.你相信自己能夠戰勝任何挫折嗎？

□是　□否　7.晚睡2個小時會使你第二天明顯地精神不振嗎？

□是　□否　8.看完驚悚片後很長一段時間內，你一直覺得心有餘悸嗎？

□是　□否　9.你常常覺得生活得很累嗎？

□是　□否　10.即使在困難時，你還是相信困難終將過去嗎？

□是　□否　11.當考試（工作）不理想時，你會感到非常沮喪嗎？

□是　□否　12.你認為自己健壯嗎？

□是　□否　13.當你與某個朋友鬧意見後，你一直無法消除相處時的尷尬嗎？

□是　□否　14.心情不愉快時，你的飯量與平時差不多嗎？

□是 　□否 　15.你有一個關心、愛護你的家嗎？

□是 　□否 　16.當你在課堂（工作）上出了問題時，你在回家後還會久久地感到煩惱嗎？

□是 　□否 　17.每到一個新地方，你是否常常會出些問題，如吃不下飯、睡不著覺、拉肚子、頭暈等？

□是 　□否 　18.你是否有一些無話不談的知心朋友？

□是 　□否 　19.你明顯偏食嗎？

□是 　□否 　20.當你與父母發生不愉快時，你是否會想離家出走？

□是 　□否 　21.你是否每周至少進行一次你所喜歡的體育活動，如登山、打球、遊戲等？

□是 　□否 　22.你覺得自己有些神經衰弱嗎？

□是 　□否 　23.你認為你的老師（上司）喜歡你嗎？

□是 　□否 　24.大部分時間你對未來充滿信心嗎？

□是 　□否 　25.看到蒼蠅、蟑螂等討厭的東西，你感到害怕嗎？

□是 　□否 　26.你是否認為家人需要你？

□是 　□否 　27.你是否常常與朋友們交換你的看法？

□是 　□否 　28.你常常因為想心事而躺在床上久久不能入睡嗎？

□是 　□否 　29.在人多的場合或在陌生人面前說話，你是否感到窘迫？

□是 　□否 　30.你生活在使你感到快樂和溫暖的環境裡嗎？

◎評分規則：

第 2、3、5、6、10、12、14、15、18、21、23、24、26、27、30 題答「是」記 1 分，答「否」記 0 分。其餘各題答「是」記 0 分，答「否」記 1 分。各題得分相加，統計總分。

◎你的總分：

◎分析說明：

0～9 分　：你的情緒感受能力差。你遇到困難易灰心，常有挫折感。

10～29 分：你的心理感受能力一般。你能輕鬆地承受一些小的壓力，但遇到大的打擊時，還是容易產生情緒危機。

21～30 分：你的心理感受能力強。你能在各種艱難困苦面前保持旺盛的鬥志。

測 驗：你知道自己的人際溝通能力嗎？

對下列題目做出最適合你的選擇。

【 　】1.你由於疏忽，同一天安排了 2 個約會，那麼你會赴哪個約會呢？

A.赴先約定的那個約會。

B.赴更重要的約會。

【 　】2.如果有件小事（如頭痛或家務事）使你煩惱時，你會：

A.悶在心裡。

B.隨便告訴熟人。

【 　】3.如果有人邀請你，這次邀請對你來說又很重要，你去時：

A.穿著舒適、隨便。

B.穿適合這種場合的衣服。

【 　】4.你的朋友因家庭糾紛找你，希望能聽一聽你的意見，你會：

A.不表示自己的態度。

B.按你的看法評價誰是誰非。

【 　】5.有一個朋友滔滔不絕地講述一個電視節目，而你認為這個節目沒有意思，於是你會說：

A.這個節目我沒有看過，但我想看看。

B.我看過，但不喜歡。

【 　】6.如果你遇見一個人，但想不起他的名字時，你會：

A.難為情地急於走開。

B.坦率地承認你記不起他的名字。

【 　】7.做客時有人講了個趣聞，但記不清如何結尾了，而你知道結尾時，你會：

A.將結尾講出來。

B.保持沉默。

【 　】8.你朋友懷疑他自己買的新車太貴了，而你認為確實買貴時，你會：

A.直接說出你的看法。

B.向他表示祝賀。

【　　】9.你並不贊成你朋友新的愛好,如果他徵求你的意見
時,你會:

A.直截了當地表示反對。

B.試圖找出一個得體的說法。

◎評分規則:

每答對一題記1分,反之不記分。請將各題得分相加,統計
總分。

題號:1　2　3　4　5　6　7　8　9
答案:A　B　A　A　A　B　B　B　B

◎你的總分:

◎分析說明:

0～3分:你很誠實、坦率,但常常使周圍的人誤會你。你
應儘量避免說出自己所有的想法,只有這樣,才
能減少交往中的麻煩。

4～6分:你的人緣不錯,但有時你會感到很難做個誠實人。
你要克服愛批評別人的毛病。

7～9分:你很善於觀察周圍的人,很少疏遠別人,你的人
際關係很好,有不少真心朋友。

測 驗：你知道自我啟發的潛力如何嗎？

對以下各題作出「是」或「否」的選擇。

□是　□否　1.一個月之內讀5本以上的課外書嗎？

□是　□否　2.每天持續學一小時以上的外語嗎？

□是　□否　3.常常出席討論會等活動嗎？

□是　□否　4.常常與朋友聚會共餐嗎？

□是　□否　5.每天有寫日記的習慣嗎？

□是　□否　6.每天讀3種以上的報紙嗎？

□是　□否　7.一週自我檢查一次體力嗎？

□是　□否　8.積極參加娛樂和團體活動嗎？

□是　□否　9.常常看戲劇、電視和電影嗎？

□是　□否　10.外出時常常順道逛逛書店嗎？

□是　□否　11.愛好繪畫，常常看美術展覽嗎？

□是　□否　12.經常練習適合自己身體條件的運動嗎？

□是　□否　13.抱著一定的目的去研究嗎？

□是　□否　14.愛好唱歌和聽音樂，藏有古典音樂唱片嗎？

□是　□否　15.一有娛樂活動和集會等便會踴躍參加嗎？

◎評分規則：

　　每題選擇「是」記1分，選擇「否」不記分。然後算出總分。

◎你的總分：

◎分析說明：

0～4分：屬於自我評價、自我啟發度較低的人，對生活
沒有追求目標、悠閒自在的人。但也分兩種類
型：一種類型是平時心裡總想著不能這樣下
去，必須努力上進，不斷地汲取精神和知識的
營養；另一種是得過且過，沒有自我啟發的積
極性。

5～8分：自我啟發水準一般。

9～15分：屬於自我啟發度較高的人，是腳踏實地做事的
人，善於自我管理，不虛度時光，尤其與他人
不同的是，經常思考如何把時間安排得鬆緊相
宜，如何集中目標創造成績。

　　人生總要面臨選擇，在選擇中朝自己的目標前進。人也是
在不斷地自我啟發與自我激勵中成長的。自我啟發與自我激勵
的結果給心靈帶來安寧和滿足感，沒有自我啟發，自我激勵便
不能達到真正的精神充實。

參考文獻

《心理學大辭典》（*The Comprehensive Dictionary of Psychology*）

林崇德、楊治良、黃希庭（主編）

December 2003

Affect and Emotion, New Directions in Management: Theory and Research

by Ronald H. Humphrey

August 2008

Encyclopedia of Psychology

by Alan E. Kazdin (Editor)

December 2003

Encyclopedia of Health Psychology

by Alan J. Christensen, Joshua M. Smyth, Reni Martin (Editors)

July 2004

How To Control Your Emotions

by Loy B. Sweezy

May 2008

My Book Full of Feelings: How to Control and React to the Size of Your Emotions

by Amy V. Jaffe, Luci Gardner

February 2006

The Encyclopedia of Positive Psychology

by Shane J. Lopez (Editor)

February 2009

國家圖書館出版品預行編目資料

情緒管理／林仁和, 黃永明著.
--初版. -- 臺北市：心理, 2009.09
面； 公分.--（通識教育系列；33024）
參考書目：面

ISBN 978-986-191-295-0（平裝）

1.情緒管理

176.5   98014352

通識教育系列 33024

情緒管理

作　　者：林仁和、黃永明
責任編輯：郭佳玲
總 編 輯：林敬堯
發 行 人：洪有義
出 版 者：心理出版社股份有限公司
地　　址：台北市大安區和平東路一段 180 號 7 樓
電　　話：(02) 23671490
傳　　真：(02) 23671457
郵撥帳號：19293172　心理出版社股份有限公司
網　　址：http://www.psy.com.tw
電子信箱：psychoco@ms15.hinet.net
駐美代表：Lisa Wu（tel: 973 546-5845）
排 版 者：辰皓國際出版製作有限公司
印 刷 者：東縉彩色印刷有限公司
初版一刷：2009 年 9 月
初版二刷：2011 年 9 月
I S B N：978-986-191-295-0
定　　價：新台幣 250 元

■有著作權·侵害必究■